SARA ~~WINTER~~ HUFF

CÓMO
FABRICAR
A UNA
FEMINISTA...

Y CÓMO RESCATARLA DE LA PRISIÓN
DE FALSA LIBERTAD QUE SE LE PROMETIÓ

Harper_Enfoque_

Edición: *Pepe Mendoza*
Diseño: *Deditorial*

ISBN: 978-1-40033-698-2
eBook: 978-1-40033-699-9
Audio: 978-1-40033-700-2

Nombres: Huff, Sara, 1992- autora.
Título: Cómo fabricar a una feminista : y cómo rescatarla de la prisión de falsa libertad que se le prometió / Sara Huff.
Descripción: Nashville, Tennessee : Harper*Enfoque*, [2023] | Incluye referencias bibliográficas e índice. | Resumen: "Basado en la extensa investigación de la autora y su experiencia personal, *Cómo fabricar a una feminista* ofrece al lector una visión cercana y personal de la naturaleza extrema del verdadero feminismo, el impacto devastador que ha tenido en la sociedad, y cómo rescatar a la juventud de hoy de esta visión extrema del mundo"—Proporcionado por el editor.
Identificadores: LCCN 2023009670 (impreso) | LCCN 2023009671 (ebook) |
ISBN 9781400336982 (rústico) | ISBN 9781400336999 (ebook) | ISBN 9781400337002 (audio)
Temas: LCSH: Feminismo. | Antifeminismo.
Clasificación: LCC HQ1155 .H84 2023 (impreso) | LCC HQ1155 (ebook) |
DDC 305.42--dc23/eng/20230323
LC registro disponible en: https://lccn.loc.gov/2023009670
LC ebook registro disponible en: https://lccn.loc.gov/2023009671

Impreso en Estados Unidos de América
23 24 25 26 27 LBC 5 4 3 2 1

Contenido

Prólogo

CONOCÍ LA HISTORIA DE SARA HUFF cuando empezó a compartirla públicamente y desde el principio admiré enormemente su valentía. Tuve la oportunidad de contactarla tiempo después por teléfono cuando ella estaba sufriendo una grave persecución por parte del gobierno brasileño, que la llevó a prisión y luego la mantuvo bajo arresto domiciliario durante todo un año.

Sara y yo conectamos al instante y nos sentimos como hermanas que habían pasado por experiencias, sufrimientos y pasados similares. Yo había sufrido algunas persecuciones debido a mi testimonio público y me sentí llamada a animarla a continuar en el peligroso viaje que había emprendido. Sara percibió que yo era una de las primeras mujeres latinas en exponer mi vergüenza públicamente y hablar sobre las formas en que había sido herida por la cultura contemporánea. Eso la llevó a compartir conmigo y se animó a perseverar en hacer lo mismo. Pude verme reflejada en ella porque Sara y yo compartimos muchas heridas y sufrimientos similares de nuestro pasado. También hemos recibido una sanidad tremenda de parte del Dios que nos ama y que ama a todas las mujeres. Nuestros largos y tediosos viajes nos han permitido saber que las mujeres somos los grandes tesoros de Dios. La mujer es la última creación de Dios, la corona de todas sus obras.

El pasado de Sara es tan asombroso, fascinante e impactante como el de cualquier película de aventuras. Sufrió abusos violentos en su familia, lo que la llevó a huir de casa y prostituirse para sobrevivir. Después de estudiar con detenimiento videos de YouTube, programas de televisión y publicaciones en las redes sociales sobre el movimiento feminista, obtuvo una nueva esperanza y un propósito distinto para su vida. Ella lo vio como la oportunidad de seguir su corazón y defender los derechos de las mujeres, de hacer obras de caridad en favor de ellas y luchar por una causa que consideraba justa.

Sus deseos la llevaron a vivir una situación que poca gente conoce en este mundo. Fue reclutada por una de las muchas organizaciones feministas llamada Femen y enviada a Ucrania para ser formada en un campamento de entrenamiento feminista. Allí la despojaron de sus virtudes y sus atributos femeninos, la embrutecieron, le lavaron el cerebro y la moldearon para llegar a ser una activista de los objetivos de la organización. Sin embargo, esos fines... ¿realmente la empoderaron a ella y a otras mujeres? ¿Recibieron ella y las demás la recompensa prometida de fortaleza, liberación y felicidad?

Este libro le brinda al lector herramientas prácticas y consejos invaluables para quienes forman parte del movimiento feminista y para los padres de hijos dentro del movimiento, para quienes desean descubrir los fundamentos inviolables de la verdadera fortaleza, el empoderamiento y la alegría que es un derecho de las mujeres, como criaturas iguales a los hombres en dignidad al haber sido creadas a imagen de Dios.

Cuando me pidieron que escribiera este prólogo, pedí a Nuestra Señora que me guiara. Mientras me preparaba para dormir, las palabras del «Salmo 25» me hablaron en voz alta. Estaba cansada y me propuse leer ese salmo al día siguiente. Cuando me desperté y abrí mi Biblia, me quedé asombrada al ver que las siguientes líneas de la Escritura reflejaban perfectamente la historia de Sara.

Cuando hayas terminado este valioso libro, te invito a que vuelvas a esta página y leas el salmo de nuevo. Que sea una luz que guíe y fortalezca tu espíritu y también el de las mujeres de todo el mundo.

A Ti, oh Señor, elevo mi alma.

Dios mío, en Ti confío;

No sea yo avergonzado,

Que no se regocijen sobre mí mis enemigos. [...]

Señor, muéstrame Tus caminos,

Enséñame Tus sendas.

Guíame en Tu verdad y enséñame,

Porque Tú eres el Dios de mi salvación;

En Ti espero todo el día. [...]

No te acuerdes de los pecados de mi juventud ni de mis
    transgresiones;

Acuérdate de mí conforme a Tu misericordia,

Por Tu bondad, oh Señor.

Bueno y recto es el Señor;

Por tanto, Él muestra a los pecadores el camino.

Dirige a los humildes en la justicia,

Y enseña a los humildes su camino.

Todas las sendas del Señor son misericordia y verdad

Para aquellos que guardan Su pacto y Sus testimonios. [...]

En prosperidad habitará su alma,

Y su descendencia poseerá la tierra. [...]

De continuo están mis ojos hacia el SEÑOR,
Porque Él sacará mis pies de la red.
Vuélvete a mí y tenme piedad,
Porque estoy solitario y afligido.
Las angustias de mi corazón han aumentado;
Sácame de mis congojas.
Mira mi aflicción y mis trabajos,
Y perdona todos mis pecados.
Mira mis enemigos, que son muchos,
Y con odio violento me detestan.
Guarda mi alma y líbrame;
No sea yo avergonzado, porque en Ti me refugio.
La integridad y la rectitud me preserven,
Porque en Ti espero. [...]

(Salmos 25:1-2, 4, 7-10, 13, 15-21)

PATRICIA SANDOVAL

Conferencista internacional provida y procastidad,
conductora del programa *Informe provida*
por el canal de EWTN español, y
autora del reconocido libro *Transfigurada*

Agradecimientos

A MI ESPOSO, JOSEPH HUFF, por apoyarme incondicionalmente en todas mis necesidades, posibilitando la realización de cada uno de mis sueños.

A mi hijo, Hector Valentim Giromini, por la luz que me guía en dirección a las virtudes.

A mi mejor amiga, Desire Queiroz, por insistir incesantemente en hacerme una mujer mejor.

A mis queridas amigas, Nohemi García, Alejandra Yanez y Mary Paz Guerra, por seguir apoyándome en cada paso de mi carrera.

Al gran profesor Olavo de Carvalho, que en vida me regaló el honor de ser su alumna, posibilitándome seguir promoviendo sus ideas.

Introducción

ESTE LIBRO QUE HOY EMPIEZAS a leer puede ser utilizado como una gran arma defensiva en medio de una guerra cultural tan asombrosa como la que estamos librando en este momento en muchos frentes. No obstante, es necesario, ante todo, saber cómo utilizarlo de forma correcta para sacarle el máximo provecho.

Después de vivir el feminismo y sus consecuencias en carne propia, tomé la determinación de comprender lo que había sucedido conmigo. Pasé varios años de estudios intensos entre libros, artículos, periódicos y demás publicaciones que hablaban del tema. Toda esa reflexión permitió que me diera cuenta de que nada de lo que viví dentro de los movimientos progresistas había sido espontáneo.

En realidad, descubrí que había un patrón bastante claro que era seguido por diversas instituciones para tomar la mente de mujeres jóvenes, transformándolas en militantes feministas obedientes. En este libro te presento todo ese proceso de embrutecimiento y destrucción de la conciencia e identidad en forma de pasos, como si fuera un manual que se sigue para tomar la mente de una mujer, tal como lo hicieron conmigo. Comenzaré con el problema central y sus diferentes divisiones para luego terminar con una propuesta de solución.

Desde el principio te darás cuenta de que trato en todo momento de llamar tu atención para que comprendas el significado de las palabras, su origen, sentido y la manera en que se aplican en cada contexto que estaremos analizando. La razón para usar este método pedagógico la explicaré con más detalle en el tercer capítulo. Por el momento, solo quisiera pedirte que confíes en que, como investigadora y escritora, he buscado desarrollar la mejor técnica de enseñanza para brindarte el mejor aprendizaje posible.

El feminismo

Partamos sin mayor dilación a responder una pregunta esencial para el desarrollo de este libro: ¿qué es el feminismo?

Es muy posible que pienses que se trata de un concepto que conoces bien y hubieras esperado que no empezáramos por algo tan básico. Sin embargo, déjame decirte que estás equivocado. Yo he descubierto luego de mucha investigación y análisis que las personas no saben exactamente qué es el feminismo. Es posible que pienses que lo sabes, pero te digo con mucho respeto que estás equivocado. No te preocupes, prometo no contarle a nadie, pero sí quisiera pedirte que sigas leyendo y me permitas enseñarte lo que yo misma he aprendido. ¿De acuerdo?

En primer lugar, permíteme decirte que te comprendo. Vivimos en un mundo donde recibimos muchísima información y junto con ella viene la presión para que tengas también tu propia opinión sobre muchísimos temas. Pero déjame decirte con confianza: no es necesario saber sobre todo o tener siempre una opinión de cualquier tema. En este momento, cuando decidiste dar un paso adelante en la batalla, el primer paso más importante es saber contra quién estás luchando.

Al igual que yo, es muy posible que durante toda la vida hayas sido bombardeado con la idea de que el feminismo es un movimiento de mujeres que busca la igualdad y, por lo tanto, tendría que ser algo bueno. También es muy posible que hayas ido a Google para informarte, pero quisiera preguntarte antes de continuar: ¿la información contenida en internet siempre es correcta y verdadera?

Bueno, si me dices que no, entonces te pregunto: ¿qué te hace pensar que uno de los movimientos más subversivos del mundo permitiría que sus verdaderas intenciones fueran expuestas públicamente para que todos pudieran tener acceso? Eso sería bastante ingenuo de su parte, ¿no te parece?

Sin embargo, lo que yo conozco no lo obtuve de mis búsquedas de Google, sino que estuve completamente inmersa en el movimiento feminista por más de cinco años. Por lo tanto, puedo decir con conocimiento de causa que el feminismo no es una búsqueda de igualdad, derechos o aun la dignidad de la mujer. El feminismo se puede definir como un movimiento social que tiene como objetivo la destrucción de la naturaleza de la mujer y la subversión de los roles masculinos y femeninos. Podríamos decir que el feminismo es un instrumento de desestabilización del orden social a través de la manipulación de las identidades de los individuos. Aunque todo se disfraza de palabras bellas como libertad, igualdad y empoderamiento, en realidad se infiltra en la vida de las personas, cambia sus pensamientos y redirecciona su comportamiento, llevándolas a la autodestrucción.

La naturaleza

Ya he dado una definición breve del feminismo. Ahora buscaré que profundicemos en su concepto y su uso principal: la destrucción de la naturaleza. Debemos partir definiendo a la naturaleza misma.

El filósofo griego Aristóteles[1] señala este principio en prácticamente todas sus obras y nos brinda el siguiente significado: de acuerdo con el filósofo brasileño, Sidney Silveira, «la naturaleza es todo lo que siempre o casi siempre llega a su mismo fin».[2]

Yo sé que podría parecerte un poco complicado, pero no lo es. Te pongo un ejemplo. Si te doy una semillita de girasol y tú la plantas, riegas y cuidas, ¿cuál será el resultado? ¿Plátanos? ¿Papayas? ¿Limones? ¿Rosas? ¡No! La única cosa posible que germinará es un girasol y nada más. Todos los elementos de la naturaleza siempre llegarán a su mismo fin. Esto será casi siempre cierto, salvo cuando la tierra es estéril y nada nacerá. Sin embargo, el mismo motivo que impide la realización del proceso también es natural.

Lo que no debemos olvidar es que la cultura contemporánea tiende a torcer aun la idea de la naturaleza. Por ejemplo, en el mundo moderno habrá personas que dirán del girasol: «Pero yo lo percibo como una rosa». No importa cómo lo percibe cualquier persona. La verdad no cambia y ninguna percepción debería ser considerada como más correcta por sobre la propia realidad de la naturaleza de las cosas. Cualquiera podría percibir un girasol como una rosa, pero eso no significa, de ninguna manera, que esa percepción se adecúe a la realidad y, por lo tanto, no deberías siquiera tomarla en serio.

Veamos otro ejemplo: si un hombre y una mujer sanos están manteniendo relaciones sexuales durante el período fértil de la mujer y sin la utilización de ningún método anticonceptivo, el único desarrollo posible natural sería un embarazo; es decir, la fecundación del óvulo por el espermatozoide, dándose inicio a la vida de un nuevo ser humano. Es imposible que de esta acción se desarrolle otra cosa que

---

[1] Utilizaremos la filosofía aristotélico-tomista por todo el libro.

[2] Profesor y filósofo Sidney Silveira en su curso «Partido Esperança: a política sob a luz da filosofia perene» [Partido Esperanza: la política a la luz de la filosofía perenne], https://cursos.contraimpugnantes.com.br/.

no sea un embarazo, y ese embarazo será sin duda de un embrión humano. La parte del «casi siempre» de la definición aristotélica se resume en un acontecimiento también natural: la única posibilidad de que este hecho no termine naturalmente en un embarazo sería que suceda un aborto espontáneo o aborto natural.

Es posible que en esa situación escuches decir: «Pero eso que se formó en el útero de la mujer no es un ser humano, un bebé o un niño, sino tan solo una bolsita de células o un mero coágulo de sangre». Nuevamente, vemos que la percepción de quien diga esto está completamente equivocada. De la concepción que se produce de la relación sexual entre machos y hembras de la especie humana es imposible que se desarrolle cualquier cosa que no sea un embrión humano. Se desarrollará un conjunto de células que constituye una vida humana genómicamente autónoma, en desarrollo hacia una plenitud propiamente humana.

Lo que quisiera dejar en claro es esto: no importa cuánto algunas personas digan, griten, demanden o protesten, porque la naturaleza es la expresión de la verdad en la realidad y nada se podrá cambiar, ni siquiera por una ideología. No se podrá cambiar, pero algo sí pueden hacer, y lo han hecho mucho y muy bien: mentir. La mentira es la más grande herramienta del movimiento feminista.

¿La igualdad es buena?

Puedo estar segura de que en este momento muchos podrían estar pensando que el feminismo tiene una larga lucha por la igualdad. Algunos se podrían sorprender con mi respuesta, pero yo preguntaría: ¿la igualdad siempre habrá de ser algo bueno?

Nací en una ciudad muy pequeña en el interior del estado de São Paulo, en Brasil. Muy cerca de mi ciudad hay otra llamada Tambau. La municipalidad de esa ciudad organizó un concurso público en el

2013. El objetivo era contratar trabajadores para que laboraran en los servicios generales de limpieza y mantenimiento de la ciudad.

La evaluación de los candidatos sería a través de dos pruebas. La primera era de conocimientos técnicos y académicos sobre el trabajo a realizar y la segunda era una prueba de esfuerzo físico, donde los candidatos deberían cargar un paquete de cemento de 50 kg por un camino de 60 metros. Esta segunda prueba la completaron todos los hombres, mientras que ninguna de las mujeres la pudo completar y algunas hasta se desmayaron.

Antes de que saques alguna conclusión es importante enfatizar el siguiente detalle: la municipalidad les brindó a todos los candidatos exactamente los mismos derechos y condiciones para realizar la prueba; es decir, todos tuvieron igualdad de derechos.

Sin embargo, ¿crees que eso fue justo? Ninguna mujer pudo finalizar la última prueba y, por lo tanto, ellas no consiguieron el trabajo. ¿Brindar las mismas condiciones a individuos con diferentes capacidades y necesidades fue algo justo y bueno? De ninguna manera.

Ese caso hizo que aprendiera algunas lecciones:

- La igualdad no siempre será algo bueno.
- A los individuos diferentes no se les regala el mismo trato.

¿Tú tratas a un anciano de la misma manera en que tratas a un recién nacido? ¿Tratas a un niño de siete años como tratas a un adolescente? ¿Tratas a una persona enferma como tratas a una persona sana? ¿Tratas a tu abuelita como tratas a un compañero de la universidad? Entonces, ¿tratas a una mujer como tratas a un hombre? La respuesta es un contundente «NO».

Todos los seres humanos nacen con diferencias, individualidades y particularidades. Esa diversidad es bella y jamás debemos caer en el cuento de que todos deben ser absolutamente iguales para que sean plenamente felices. La conclusión que puedo sacar es que un tratamiento cien por ciento igual no significa que sea necesariamente bueno para las mujeres. Entonces, me pregunto: ¿por qué el feminismo insiste en luchar por ese tipo de igualdad absoluta? Repito, este movimiento sigue engañando a las mujeres al direccionarlas a una lucha que solo las conduce a la tristeza y la frustración.

En el mismo sentido, esta historia de igualdad tampoco es aplicable en la realidad práctica de la humanidad. Basta con considerar el simple hecho de que hombres y mujeres son diferentes y deben continuar siendo diferentes por el bien del equilibrio de la sociedad.

Por ejemplo, el hombre es más fuerte físicamente y no hay ningún clamor feminista que pueda cambiar esa realidad inmodificable. Su estructura ósea es más grande, sus músculos son más desarrollados, su capacidad de absorción del oxígeno es más rápida, haciendo que pueda correr más rápido, saltar más alto y golpear más fuerte. Diversos estudios señalan que los hombres también son más audaces, además de controlar mejor situaciones de riesgo.[3]

Esas condiciones son reconocidas como «naturales» porque el hombre nace con esas características y le han permitido desarrollar mejores capacidades para cazar, proteger y liderar en su territorio, familia y comunidad. Por eso a lo largo de la historia humana han desarrollado tres roles principales: provisión, protección y liderazgo.

Sin embargo, un individuo no solamente desarrolla su identidad a partir de la naturaleza. La segunda parte de la composición que el ser humano desarrolla se llama virtud. La palabra *virtud*, del latín *virtus* y del griego *aréte* (ἀρετή), se entiende como el hábito o

---

3 Rebeca Zurita Perez, «Diferencias significativas entre el hombre y la mujer deportista en cuanto a la capacidad de rendimiento deportivo», revista digital, *Innovación y experiencias educativas*, n.º 17, abril 2009, https://archivos.csif.es/archivos/andalucia/ensenanza/revistas/csicsif/revista/pdf/Numero_17/REBECA_ZURITA_PEREZ_2.pdf.

la forma de ser adquirida o forjada en la persona a través de su búsqueda de la verdad y que da como resultado vivir una vida buena.[4]

Aristóteles escribe en su libro *Ética a Nicómaco* que no solo basta con entender la virtud como hábito o forma de ser, sino que también es necesario decir específicamente qué es esta forma de ser.[5] La virtud es lo que hace que alguien sea la persona que es. Podríamos decir que la virtud caracteriza a la persona y las virtudes se relacionan con el carácter específico que es forjado en el ser humano.[6]

Tomás de Aquino afirmaba que las virtudes se clasifican en dos tipos. El primero son las infusas, las que Dios ha infundido en el alma como un don o una gracia sobrenatural. La persona va desarrollándolas poco a poco desde pequeño. El segundo son las adquiridas, las que se aprenden y se hace necesaria la práctica diaria de las buenas acciones para convertirlas en hábitos. No hay problema si es que no crees en Dios, pues solo para propósitos educativos diré que las virtudes infusas provienen de la naturaleza. ¡Asunto resuelto!

Se podría aplicar la afirmación de Aquino y decir que hombres y mujeres poseen diferentes virtudes infusas. El hombre posee más coraje, fuerza y persistencia, mientras la mujer tiene un mejor sentido del orden, el cuidado y la compasión. Con esto no quiero decir que no haya mujeres valientes y hombres ordenados, sino que son características notables en cada uno de los géneros.

Ya que estamos hablando de virtudes, sería bueno preguntarnos si es que todos los seres humanos son siempre buenos y buscan constantemente hacer el bien. Claro que no. Muchos individuos, hombres y mujeres, caminan en dirección opuesta a la dirección provista por las virtudes. Ellos van siguiendo los vicios. Si la virtud es un hábito que practicamos para ir en dirección al bien, el vicio se

---

[4] Sara Huff, *Revolución celeste* (México: Kabod Ediciones, 2022), p. 73.
[5] Aristóteles, *Ética a Nicómaco*, II, 6, 1106a (Buenos Aires: Editorial Gredos, 1985), pp. 165-168.
[6] *Ética a Nicómaco*, II, 6, 1107a.

define también como un hábito, es decir, una actitud repetitiva pero que acaba por conducir al mal.

Como he venido diciendo, los hombres y las mujeres tienen una naturaleza diferente y, por lo tanto, nacen y desarrollan virtudes y vicios diferentes. No creo que sea solo un simple estereotipo decir que los vicios característicos de las mujeres podrían ser el chisme, la vanidad extrema, el deseo de controlarlo todo, demasiado celo y otros más. Los hombres manifiestan vicios que están más relacionados con la lujuria, la violencia, una mayor propensión al abuso de las drogas y el alcohol, el desorden y hasta la falta de higiene. Nuevamente, estamos hablando en términos generales y es evidente que no todas las mujeres son chismosas ni todos los hombres lujuriosos.

Hagamos un ejercicio práctico: imagina a una feminista en su máximo estereotipo. ¿Cómo la imaginas? ¿Cómo aparece en la prensa o las noticias? Una mujer que manifiesta sus apetitos sexuales con cierto descaro, que pareciera estar abusando de las drogas y el alcohol, y en cuyas ropas o carácter se puede observar el desorden. Por último, pero no menos importante, con frecuencia hasta se puede observar la falta de higiene.

Quisiera que prestes mucha atención porque estás a punto de leer una de las partes más importantes de este libro. Voy a adelantarte cuál es el propósito del feminismo. ¿Estás preparado? Muy bien. Lo que el feminismo busca con sus estrategias de inteligencia, contrainteligencia y subversión es conseguir que las mujeres manifiesten una actitud de rechazo hacia las virtudes femeninas hasta el punto de buscar eliminarlas de sus vidas. Lo malo es que muchas de esas virtudes eliminadas son sustituidas por vicios masculinos. El feminismo termina destruyendo la naturaleza virtuosa de la mujer y coloca en su lugar las peores actitudes masculinas. A este proceso lo denominan «empoderamiento».

Me imagino que esta no era la forma en que imaginabas al feminismo y menos lo que escuchas o lees de este movimiento en la prensa, los libros o las redes sociales. Puede que te estés cuestionando la idea que tenías sobre el feminismo y pienses que lo que está haciendo no está bien y no estés de acuerdo, pues es evidente que daña a la mujer. Estás en lo correcto.

Es muy posible que te cueste creer lo que acabo de decirte, porque en el fondo te gustaría creer que el feminismo es bueno o, por lo menos, que ha nacido bueno y ahora hay ciertos grupos radicalizados que no hacen las cosas de forma correcta. Te tengo que pedir perdón, porque seré la responsable de romperte el corazón, pero lo tengo que decir: no existe feminismo bueno. El feminismo está mal, siempre estuvo mal y siempre estará mal.

De seguro la concepción que tienes del feminismo es producto de prácticamente todas las informaciones que te llegaron hasta ahora y que repiten lo mismo: el feminismo es responsable de haber ganado todos los derechos a favor de la mujer, incluyendo la libertad para trabajar, estudiar, votar y dejar de ser oprimida por esa terrible entidad llamada patriarcado. Hemos crecido recibiendo esta misma información. Ha sido repetida tantas veces en nuestra cabeza que, aun sin tener certeza de su veracidad, concluimos que se trataba de un hecho cierto y decidimos no solo absorberla, sino también reproducirla y hasta defenderla.

Al final de cuentas, ¿quién estaría tan loco como para ponerse en contra de que las mujeres tengan derechos tan esenciales como los mencionados? ¡Nadie! Es obvio que todos, incluyéndome, estamos a favor de que las mujeres gocen de todos los derechos civiles y humanos, algo que hoy está garantizado en todo Occidente. Jamás me pondría en contra de los derechos de la mujer, pero sí estoy en contra de las mentiras que las feministas cuentan sobre cómo las mujeres conquistaron esos derechos.

Trabajar, estudiar y votar. Puedo decirte que estos no son derechos conseguidos por las feministas, sino que se trata de una mentira repetida muchas veces. Un estudio básico de historia podría confirmarte lo que te estoy contando. Te voy a presentar información de lo que te digo en un próximo capítulo.

Existe una tendencia mundial a clasificar al feminismo de acuerdo con la agresividad de sus actuaciones durante las protestas en la calle. De seguro has escuchado decir en medio de una conversación: «Fulana es una feminista radical» o «Aquí en mi ciudad todavía no se ponen tan radicales». En realidad, desde mi punto de vista, no existe una categorización para poder entender cuándo un movimiento deja de ser bueno y legítimo para acabar volviéndose malo y radical. Si el objetivo contradictorio del feminismo es la destrucción de la naturaleza esencial de la mujer, ¿cómo podría ser entonces bueno?

No se puede poner al bien y el mal en una escala de débil a fuerte y de bonito a feo. El bien es el bien y el mal es el mal. No se puede sacar algo bueno de aquello que es esencialmente malo. Por ejemplo, el aborto es un hecho esencialmente malvado, pues presume del asesinato de un bebé indefenso en el vientre de su madre y produce daño físico y psicológico en la mujer. Sabiendo que existen varios tipos de aborto, no podemos decir que el procedimiento hecho antes de las trece semanas de embarazo a través del método X no es tan radical como cuando el aborto es practicado en una mujer con un embarazo más avanzado y por otros medios. Ambos son malos. Aunque se haya cambiado la técnica o el tiempo, el objetivo alcanzado será el mismo: la muerte.

Quisiera reforzar la idea de que un hecho malo es malo sin importar su gradación:

- No existe un asesinato bueno, uno moderado y otro malo.
- No existe un tipo de pedofilia que es buena, moderada y otra muy radical.
- No existe un feminismo bueno o moderado, uno que sea intermediario y otro radical y violento.

Podría parecer exagerada mi comparación del feminismo con el asesinato o la pedofilia, pero lo que quisiera resaltar es que el feminismo pervierte el comportamiento de la mujer hasta llevarla a su propia autodestrucción. La ideología feminista corrompe a la mujer, quien destruye sola su cuerpo, su salud emocional y hasta su identidad.

Una diputada feminista vestida con trajes caros y lujosos, muy bien peinada y pulida es tan peligrosa y fatal como la activista violenta de pelo morado que sale a hacer pintas en las calles el ocho de marzo cuando se celebra el Día Internacional de la Mujer.

En el mismo sentido de lo que he venido argumentando, quisiera llamar tu atención para que no nos dejemos influenciar por la idea de que existen varios tipos diferentes de feminismo: liberal, interseccional, radical, feminismo negro, feminismo proletario, entre tantos otros que dicen existir y que pareciera que hasta se oponen entre sí.

Por ejemplo, los predecesores de la revolución rusa no hubieran conseguido la victoria si no fuera por la práctica de la técnica conocida como «el teatro de las tijeras», donde mencheviques y bolcheviques fingieron una discordancia en la manera de hacer llegar el comunismo solamente para provocar una idea de falsa impresión de rivalidad entre los ciudadanos. La verdad es que eran aliados y buscaban juntos la creación de un estado esencialmente comunista.[7]

De acuerdo con el respetado profesor y filósofo brasileño Olavo de Carvalho, antes de empezar a aventurarnos en el campo de las discusiones políticas y filosóficas es necesario, ante todo, hacer un ejercicio filosófico denominado «investigación de las ideas». Este ejercicio busca que se cuestione con sinceridad una opinión formada, un dato, una idea o un evento histórico en nuestra cabeza

---

[7] Leszek Kolakowski, *Las principales corrientes del marxismo*, vol. II, cap. 16, «La edad de oro» (Madrid: Alianza Editorial, 1982), pp. 375-405.

antes de sacarlo como una espada afilada en medio de una pelea en las redes sociales. Por el contrario, uno debe primero preguntarse con honestidad: «¿Por qué pienso así?», «¿De dónde ha salido este dato que tengo en mi mente?». Debemos investigar en nuestra mente los orígenes de los datos que hemos almacenado con el objetivo de recordar y probar su veracidad mediante una investigación seria antes de reproducir esa determinada información.

Sabemos que requiere de mucho esfuerzo y a veces hasta no es posible recordar cómo una determinada información está en nuestra mente. Es probable que haya sido puesta allí de forma inconsciente o sin permiso, ya sea a través de los medios educativos, los de comunicación como las redes sociales, o a través del entretenimiento. Esta investigación debe llevarnos no solo a determinar el tipo de información recibida y su veracidad, sino también las intenciones de aquellos que la transmitieron al momento de hacerlo.

Este ejercicio revelaría que la gran mayoría de las personas están de acuerdo con que un supuesto feminismo radical es malo, pero que el feminismo verdadero, el de sus orígenes, es bueno y legítimo, pues fue el responsable de ganar en favor de la mujer esos derechos que hasta hoy disfruta. Considero esta idea errada, pero se ha difundido tanto con los años por repetición masiva en la educación y la cultura que ya presumimos su legitimidad y la reproducimos por completo sin siquiera consultar o dudar de su veracidad.

Es necesario que conozcamos los orígenes de este movimiento a través del estudio de su historia y su desarrollo en la sociedad. Sin embargo, antes de que hablemos de la historia del feminismo, debemos recordar que uno de los bastiones de esta ideología es sostener que su existencia es producto de que las mujeres históricamente han sido víctimas del violento patriarcado impuesto principalmente por la institución del cristianismo.

Estudiando historia

La historia es un conjunto de hechos organizados y sistematizados en orden cronológico. Puede tratarse como una ciencia que tiene por objetivo estudiar la acción humana, el momento particular de determinados eventos, sus procesos y sucesos en curso. Para estudiar la historia y reproducirla en enseñanzas, el agente historiador en cuestión debe ser intelectualmente honesto y buscar la mayor veracidad en la descripción y la interpretación de un determinado suceso.

La historia no debería ser estudiada con una mirada contaminada por una preferencia política o ideológica, sino que la investigación debe realizarse utilizando fuentes primarias, es decir, documentos de diversa índole producidos en la época, como melodías o canciones que se hayan compuesto, las poesías y los libros escritos, las artes gráficas en sus diversas manifestaciones, y hasta evaluar documentos personales como diarios y oficiales como periódicos o publicaciones de leyes.

Volviendo a nuestro tema de estudio. La próxima vez que una feminista te diga que su movimiento fue responsable de otorgarle a las mujeres sus derechos, pregúntale calmadamente: «¿De dónde obtienes esa información? ¿Cuál es la fuente? ¿Has investigado las fuentes primarias que corroboran lo que dices?».

He descubierto que las feministas, principalmente las jóvenes, no estudian su propia doctrina, sino que la dan por sentada sin mayor reflexión. Su adhesión al movimiento viene producto de influencias del mundo moderno como las redes sociales y el mundo del entretenimiento. Podría decir que no se está reproduciendo la historia, sino una propaganda política, partidaria e ideológica. Pero a fin de salir de esa ignorancia histórica, continuemos con nuestro estudio histórico.

Grecia

Las feministas no están erradas cuando afirman que la mujer era con frecuencia víctima de violencia por parte de los hombres, pero eso no tiene ninguna relación con el cristianismo. En realidad es al revés.

Consideremos las palabras del investigador Moisés Romanazzi Torres publicadas en un artículo para la Universidad de la Rioja en España:

> Las mujeres griegas en general fueron despojadas de derechos políticos o jurídicos y se encontraron completamente subyugadas socialmente. La ateniense casada vivía la mayor parte del tiempo confinada entre los muros de su casa, ejerciendo como máximo el papel de organizadora de las funciones domésticas, estando de hecho sujeta a un régimen de casi reclusión.
>
> Incluso antes del matrimonio, ni siquiera se pensaba que la joven pudiera reunirse libremente con los niños, ya que vivían encerradas en las habitaciones destinadas a las mujeres: el gineceo. Debían mantenerse allí para permanecer fuera de la vista, separadas incluso de los miembros masculinos de su propia familia.
>
> Se esperaba que las mujeres casadas no estuvieran interesadas en cosas fuera de sus hogares. Pocas ocasiones se les dieron aun para hablar con sus maridos durante mucho tiempo. Estos, incluso, no debían comer en compañía de sus esposas y cuando se recibían amigos, la esposa no debía aparecer en el salón del banquete. Sus funciones eran, como hemos dicho, las de un ama de casa y solo salían a la calle para ir de compras acompañadas de una criada, o con motivo de las fiestas de la ciudad o de ciertos eventos familiares.[8]

---

[8] Moisés Romanazzi Tôrres, «Considerações sobre a condição da mulher na Grécia clássica», https://raco.cat/index.php/Mirabilia/article/view/283713/371642.

La violencia en contra de la mujer existe desde los tiempos paganos. Por eso me cuesta entender por qué gran parte de las feministas buscan una venganza sin sentido contra el cristianismo, mientras admiran al paganismo y lo consideran como una fuente de empoderamiento femenino. Esta visión sesgada es producto de que se han centrado en la existencia de diosas mujeres, algo que es muy diferente en el cristianismo, una religión monoteísta en la que el único Dios se presenta como un hombre.

Estas militantes olvidan que en la sociedad griega la mujer ni siquiera era considerada como un individuo político. Así lo observa Aristóteles:

> De modo que por naturaleza la mayoría de las cosas tienen elementos regentes y elementos regidos. De diversa manera manda el libre al esclavo, y el varón a la mujer, y el hombre al niño. Y en todos ellos existen las partes del alma, pero existen de diferente manera: el esclavo no tiene en absoluto la facultad deliberativa; la mujer la tiene, pero sin autoridad y el niño la tiene, pero imperfecta. [...] ¿Por eso se ha de creer que lo que el poeta [Sófocles, *Ayante* 293] ha dicho sobre la mujer se puede aplicar a todos: «El silencio es un adorno de la mujer», pero eso no va al hombre?[9]

Otro análisis histórico sobre la participación de las mujeres en la política en el mundo griego puede ser ampliamente observado en la obra teatral *La asamblea de las mujeres* de Aristófanes, que de manera satírica discurre alrededor de la posibilidad impensable de que las mujeres ocupen cargos en el poder y estén al frente de la toma de decisiones en la *polis* (ciudad, y también por extensión

---

[9] Aristóteles, *La política* (Madrid: Editorial Gredos, 1988), pp. 57, 81-83, https://bcn.gob.ar/uploads/ARISTOTELES,%20Politica%20(Gredos).pdf.

Estado y sociedad). Obviamente la obra fue desarrollada por hombres, dado que las mujeres no tenían permiso para involucrarse en actividades artísticas como el teatro, la música o la literatura.[10]

Sin embargo, me podrías preguntar: «Sara, ¿qué de las mujeres espartanas? Estas sí eran empoderadas, ¿no es cierto?». Bueno, la verdad es que es muy posible que Hollywood haya desarrollado una imagen de la mujer espartana muy diferente a la realidad. Marcos Alvito escribe que las mujeres espartanas eran aún menos importantes en el cuerpo social y la vida de sus maridos que las atenienses, ya que se veían privadas de criar a sus propios hijos a partir de cierta edad y de mantener una relación marital regular con sus maridos.[11]

Debemos saber también que la prostitución era legal y hasta incentivada por el gobierno, que cobraba impuestos por tal actividad. De acuerdo con Nucci, la prostitución era el único medio a través del cual la mujer ateniense podía alfabetizarse y obtener una educación adecuada, y especializarse en temas diversos como la literatura y las artes:

> Las prostitutas de clase alta eran las únicas mujeres a las que se les permitía ocupar un espacio social. [...] Eran las mujeres más educadas de Occidente. El mejor papel femenino estaba reservado para las prostitutas no solo en Grecia, sino en muchas culturas orientales, como la India, donde ocurría que las únicas mujeres educadas y cultas eran las que se dedicaban a la prostitución. Puede decirse que estas prostitutas de clase alta no tenían la función exclusiva de satisfacer sexualmente a los hombres que pagaban por ello, ya que para eso se disponía de esclavas,

---

[10] Aristófanes, *La asamblea de las mujeres* (Editorial del Cardo, 2010), biblioteca digital, https://biblioteca.org.ar/libros/157250.pdf.

[11] Marcos Alvito Pereira de Souza, *A Guerra na Grécia Antiga* [La guerra en la Antigua Grecia] (São Paulo: Ática, 1988).

sino de satisfacer necesidades intelectuales o afectivas. [...] Por un lado, el matrimonio no era considerado el lugar del amor, sino el lugar de la procreación y de las alianzas familiares, por lo que no se esperaba que la esposa fuera mujer compartiendo nada. Solo en presencia de las prostitutas se permitían los hombres relajarse; pero a estas mujeres se les permitieron cuotas de independencia intelectual y libertad con las que las mujeres «libres» ni siquiera podían soñar.[12]

¡Qué belleza! ¿No es cierto? ¿Te imaginas vivir en un mundo donde necesitas entregar tu cuerpo para recibir una educación básica? Sin embargo, es justo en la época que las feministas llaman «La terrible Edad Media» donde las mujeres tuvieron más acceso a la educación y también su dignidad y valor como persona humana fue establecido. Pasemos a estudiar esa época de la historia de la civilización.

La Edad Media

La Edad Media es un período histórico que transcurre desde el siglo V hasta el siglo XV. Tiene su inicio con los vestigios del Imperio romano y nos regaló probablemente lo que denomino el cambio histórico más espectacular de todos los tiempos que vino de la mano del cristianismo.

El cristianismo ya se había expandido por todo el mundo conocido a partir de la proclamación del evangelio por parte de los apóstoles y discípulos de Jesucristo. Sin embargo, por varios siglos experimentaron persecuciones violentas y un gran rechazo político. No obstante, el emperador Constantino promulgó la ley de libertad de culto en el año 313 d. C., la cual permitió el despliegue del

---

[12] Guilherme de Souza Nucci, *Prostituição, lenocínio e tráfico de pessoas. Aspectos constitucionais e penais* [Prostitución, proxenetismo y trata de personas. Aspectos constitucionales y penales], 1.ª ed. (São Paulo: Editorial Revista dos Tribunais, 2014).

cristianismo por todo Occidente y el establecimiento de una profunda influencia en toda la sociedad y la cultura imperante.

No se puede negar que la mujer también fue víctima de violencia durante este período (como continúa siéndolo en muchos lugares hasta el día de hoy), pero debemos saber que los procesos históricos, tal como lo fue la difusión de la religión cristiana, son cambios culturales en los que la sociedad se va adaptando a nuevos factores, es decir, que los cambios de paradigmas y costumbres toman tiempo. De manera natural, para que algo se convierta en hábito o tradición es necesario su continuidad a través de mucho tiempo, desde años y hasta siglos. Eso significa que los valores del cristianismo tardaron siglos para afirmarse en la sociedad.

Volviendo al grave prejuicio que las feministas sostienen, ellas gritan a los cuatro vientos que la Edad Media fue un período obscuro para las mujeres, aunque las evidencias históricas muestran que este tipo de opiniones absolutas, en rigor, deberían matizarse. Por ejemplo, contrario a la educación femenina, durante la era pagana, en la Edad Media la intelectualidad de la mujer floreció con nuevas posibilidades, tal como lo observamos en el siguiente artículo de la investigadora Christine Dabat:

> De hecho, es en los conventos donde se forma una élite femenina altamente educada; allí se desarrolla una vida intelectual de primer orden, entre aristócratas, damas de la corte y sus parientes abadesas y monjas.[13]
>
> Las abadesas eran mujeres que habían llegado a ocupar el cargo más alto designado para mujeres dentro de la jerarquía de la iglesia católica. Sus obligaciones generales giraban

---

[13] Christine Rufino Dabat, «Mas, onde estão as neves de outrora?» [¿Dónde están las nieves de antaño?], apuntes bibliográficos sobre la condición de la mujer en la época de las catedrales, revista *Cadernos de historia* (Universidade Federal de Pernambuco, Brasil, 2002), vol. 01, pp. 23-68.

alrededor de la administración de los conventos y monasterios para novicias y monjas, rol que exigía grandes habilidades de negociación, diplomacia y un alto nivel intelectual.[14]

Es cierto que la educación no era un privilegio concedido a todos y que eso fue un logro de la modernidad, pero decir que las mujeres estaban privadas de estudiar es ser cómplice de una gran mentira.

La sociedad estaba dividida en distintas clases durante ese tiempo. No solo las mujeres campesinas, sino también los hombres campesinos, carecían de acceso a la educación. Esto nos demuestra que no se trataba de un asunto de machismo, sino de conveniencia a las clases sociales, toda vez que se consideraba que la tarea de los campesinos no requería saber leer y escribir para que realizaran sus trabajos agrícolas.

Aun así, son innumerables las contribuciones en el campo de las actividades académicas por parte de las mujeres en la Edad Media. En el libro *Mujeres intelectuales de la Edad Media*[15] aparece la historia de cincuenta y dos mujeres, la mayoría cristianas, que han escrito y publicado obras extremamente relevantes no solo para Occidente, sino para todo el mundo.

Por ejemplo, está el caso de Dhuoda de Septimania, hija de Sancho López I, el duque de Gascuña y de Aznárez de Aragón, hija de Aznar Galíndez I, el conde de Aragón, quien nació probablemente en el año 806 d. C. Por lo tanto, nació y vivió su infancia en el seno de una familia noble, donde recibió una educación esmerada, llegando a aprender a leer y escribir en latín, como se demostrará más adelante. Poco antes

---

[14] Comunicado de prensa, «Les moniales. Des femmes fortes au Moyen Âge» [Las monjas, mujeres fuertes en la Edad Media], https://www.landesmuseum.ch/landesmuseum/ausstellungen/ wechselausstellungen/2020/nonnen/medien/communique-de-presse_les-moniales_fr.pdf.

[15] Marcos Roberto Nunes Costa y Rafael Ferreira Costa, *Mulheres intelectuais na idade média: entre a medicina, a história, a poesia, a dramaturgia, a filosofia, a teologia e a mística* [Mujeres intelectuales en la Edad Media: entre medicina, historia, poesía, teatro, filosofía, teología y mística] (Porto Alegre, RS: Editorial Fi, 2019), p. 296.

de su muerte (entre 841-843 d. C.) decidió escribir el *Liber manualis* [Manual para mi hijo], con el fin de educar a su hijo mayor, Guillermo, dentro de algunos principios ético-morales cristianos capaces de hacerle vivir bien en este mundo como para garantizarle la salvación eterna, objetivo principal de todo hombre que viene a este mundo.

Y ya que estamos hablando de mujeres intelectuales de la Edad Media, es imposible no traer a colación todas las contribuciones que pude aprender de Santa Hildegarda de Bingen (1098-1179).[16] Sin duda, Hildegarda es una de las voces más expresivas de este período. Ejerciendo su espiritualidad al afirmar y reafirmar sus dones visionarios, ella fue capaz de utilizar los recursos a su disposición para construir su autoridad y hacerse ampliamente reconocida, no solo dentro del medio monástico, sino también en toda la sociedad. Fue esta posición de autoridad la que le otorgó el reconocimiento de sabia y consejera, siendo consultada tanto por el clero como por los laicos en general. Su sabiduría fue reconocida en diferentes círculos sociales, desde la nobleza hasta los campesinos, quienes acudían a ella en busca de consejos para el cuerpo y el alma.

Hildegarda escribió tres grandes volúmenes de teología visionaria, así como otros dos volúmenes sobre medicina natural y curación. Fue una de las primeras en inventar un alfabeto alternativo, llamado *Lingua Ignota* (como Tolkien, más tarde), con el que inventó nuevas palabras para su poesía y sus letras. También es responsable de una de las mayores colecciones existentes de cartas de la Edad Media: más de 400 piezas de su correspondencia con papas, emperadores y abades. Con tantos logros, es fácil

---

[16] Mirtes Emília Pinheiro, «Desvendando a EVA: o feminino em Hildegarda de Bingen, 2017» [Develando a EVA: lo femenino en Hildegarda de Bingen, 2017], tesis aprobada de maestría, Programa de Postgrado en Estudios Clásicos y Medievales (Universidade Federal de Minas Gerais, Facultad de Letras, Belo Horizonte), p. 20.

pasar por alto el hecho de que Sta. Hildegarda también fue una compositora de música innovadora. Hay sesenta y nueve composiciones musicales acreditadas a ella, lo que la convierte en una de las compositoras más prolíficas de la Edad Media.[17]

Podríamos concluir que durante la Edad Media y a través del cristianismo se abrió una gigantesca ventana de educación y conocimiento para mujeres de determinados sectores sociales. Sin embargo, debemos seguir analizando la vida de la mujer en la Edad Media, porque otro cuestionamiento contra la mujer en ese período de la historia gira alrededor del mundo laboral. Se engaña quien piensa que las mujeres no participaban en las actividades de trabajo. Ricardo da Costa, un estudioso brasileño del mundo medieval, escribe:

> En el mundo medieval de las clases bajas de la población, todos los hombres y mujeres trabajaban. Sí, ellas también. La mujer estaba presente en todas las actividades del día a día. En ese mundo rural, cocinaban (hacían cerveza y pan), se sentaban, limpiaban la casa, cosían la ropa de toda la familia y, siempre que era posible, compartían el trabajo fuera de la casa (esquila, ordeña, cosecha, etc.). Se practicaba la ética de la reciprocidad conyugal: el matrimonio era un arma sólidamente basada en la fidelidad (*fides*) y la ayuda mutua (*adjutorium*) (Toubert, 87-88). Por esto, Robert Fossier (1927-2012) está convencido de que la mujer del siglo XIII, soltera, casada o viuda, no era en modo alguno

---

[17] J-P Mauro, «Hildegard of Bingen: A Mystic and Musician Ahead of Her Time», *Aleteia*, 17 septiembre 2017, https://aleteia.org/2017/09/17/meet-hildegard-of-bingen-a-benedictine-renaissance-woman.

inferior a la del siglo XVIII, y me nos aún a la del siglo XX (Fossier, 104-106).[18]

Ana Arias escribe que durante esta época se llegaron a contabilizar hasta setenta y dos oficios desempeñados por mujeres desde tenderas, panaderas, curtidoras, zapateras, calceteras, silleras, trovadoras, campesinas y mucho más.[19] Vicki León, investigadora e historiadora norteamericana, escribió el libro *Mujeres audaces*, en donde nos presenta la historia de más de sesenta mujeres que, además de ejercer todos los oficios listados arriba, decidieron aventurarse como trovadoras, empresarias y hasta como caballeras templarias.[20]

No es cierto que el movimiento feminista sea el responsable absoluto del empoderamiento de la mujer. La élite intelectual de izquierda intenta borrar la verdad de que las mujeres no eran tan vulnerables como nos han hecho suponer. Contrario a esa afirmación, Coutinho y Costa escriben:

> La mujer noble medieval, contrariamente a las leyendas difundidas posteriormente, nunca vivió prisionera en su gineceo. Al contrario, a menudo defendían militarmente sus castillos como verdaderos caballeros; en varias regiones llegaron a heredar, gobernándolas a menudo con dureza,

---

[18] Ricardo da Costa y Armando Alexandre dos Santos, «A imagem da mulher medieval em "O Sonho"» [«La imagen de la mujer medieval en "El sueño"»] (1399) y *Curial* y *Guelfa* (c. 1460), https://www.ehumanista.ucsb.edu/sites/secure.lsit.ucsb.edu.span.d7_eh/files/sitefiles/ivitra/volume5/2_Costa.pdf (eHumanista/IVITRA, vol. 5, 2014), p. 424.

[19] Ana Isabel Arias Fernández, «Las mujeres en la Edad Media: el caso de Egeria», *Argutorio*, revista de la Asociación Cultural «Monte Irago», año 21, n.º 41, 2019, https://dialnet.unirioja.es/servlet/articulo?codigo=6744552.

[20] Vicki León, *Outrageous Women of the Middle Ages* [Mujeres audaces de la Edad Media] (Nueva York: John Wiley & Sons, 1998).

habiendo recibido, por ello, la admiración de sus contemporáneos (quienes las llamaban viragos, mujer-macho).[21]

Es notorio que las posibilidades de libertad adquiridas por las mujeres se deban principalmente a la difusión del cristianismo (aunque lenta por las circunstancias ya explicadas), con la doctrina expresa en las Escrituras, el magisterio y la tradición de que la mujer es un ser humano digno y tan amado por Dios que el mismo Hijo de Dios ha venido al mundo a través de una mujer.

En términos de los derechos de la mujer, Costa escribe:

> Desde los siglos VIII-IX, tanto los obispos carolingios como la literatura matrimonial del occidente medieval no se cansaban de afirmar que la ley del matrimonio era una, tanto para el hombre como para la mujer (Toubert, 87): desde este punto de vista había, por lo tanto, una igualdad efectiva entre los cónyuges. La mujer pasó a ser reconocida como persona, con plenos derechos de familia y en pie de igualdad con su marido, y la violencia sexual fue denunciada como un delito grave y en el ámbito de la justicia pública.[22]

Paulo Ricardo, sacerdote y profesor universitario, escribe:

---

[21] Priscilla Lauret Coutinho y Ricardo da Costa, «Entre a pintura e a poesia: o nascimento do amor e a elevação da condição feminina na idade média» [Entre la pintura y la poesía: el nacimiento del amor y el auge de la condición femenina en la Edad Media], Guglielmi, Nilda (dir.); *Apuntes sobre familia, matrimonio y sexualidad en la Edad Media, Colección Fuentes y estudios medievales 12*, Mar del Plata: GIEM (Grupo de Investigaciones y Estudios Medievales), Universidad Nacional de Mar del Plata (UNMdP), diciembre 2003, pp. 4-28.

[22] Pierre Toubert, «O período carolíngio (s. VIII a X)»; en André Burguière, Christiane Klapisch-Zuber, Martine Segalen y Françoise Zonabend, dirs., *História da família*, vol. 2, Tempos medievais: Ocidente, Oriente (Lisboa: Terramar, 1997); Ricardo da Costa, *A guerra na Idade Média–um estudo da mentalidade de cruzada na península ibérica* (Rio de Janeiro: Edições Paratodos, 1998); *As três ordens ou o imaginário do feudalismo* (Lisboa: Editorial Estampa, 1982); Fossier, Robert, *A era feudal (século XI a XIII)*; en André Burguière, Christiane Klapisch-Zuber, Martine Segalen y Françoise Zonabend, dirs., *História da família*, vol. 2, Tempos medievais: Ocidente, Oriente (Lisboa: Terramar, 1997).

Muchas mujeres ingresan al movimiento feminista conven-
cidas del falso discurso de que el cristianismo no les ha dado
suficiente espacio en la sociedad o siempre las ha oprimido,
sin piedad. Nada es más falso. Con el florecimiento de la
religión cristiana, las mujeres comenzaron a ser tratadas
con decoro y dignidad, en el extremo opuesto del lugar al
que las había relegado la antigüedad. La figura femenina del
Imperio romano no había conocido otra posición que la del
sometimiento y la humillación, víctima de la poligamia, el
divorcio fácil y el propio infanticidio.[23]

Para finalizar esta breve introducción a la historia de las condiciones femeninas en la Edad Media y desmitificar el argumento feminista de que el cristianismo sería el responsable de la violación de
derechos de las mujeres, termino con una cita de Dom Aquino Correa:

La mujer en sí misma [...] nunca ha sido tan exaltada como
en el cristianismo. Incluso se diría que fue más exaltada que
el hombre, no solo porque Jesús la encontró más abatida y
la tomó de lo más bajo, sino porque, en la incomparable apo-
teosis de María Santísima, colocó a una mujer sencilla en
alturas inalcanzables para cualquier otra criatura humana.[24]

La Ilustración y la era de las revoluciones

La Ilustración fue un movimiento intelectual del siglo XVIII que
dio inicio a una serie de revoluciones en Europa. Su idea principal se

---

[23] Padre Paulo Ricardo, «Cooptadas pela ignorância: a intolerância dos novos movimentos sociais
mostra como o ódio, cego e irracional, ainda é a base do comunismo», 7 enero 2014, citando Rodney
Stark en *La expansión del cristianismo: un estudio sociológico* (Madrid: Editorial Trotta, 2009).
[24] Dom Aquino Corrêa, *Discursos*, vol. II, tomo II, en *Elevação da mulher* (Brasília: Via Ecclesia Uma,
1985), pp. 135-137.

resume en la búsqueda de un pensamiento pretendidamente racional que se libere de toda la tradición filosófica dejada por los cristianos en la Edad Media, retirando a Dios del centro del pensamiento y sustituyéndolo por el ser humano, ocultando la fe en el plano privado de la vida personal y destacando la razón en todo ámbito de la vida. Gregorio Peces-Barba explica así la realidad secularizante y antropocéntrica:

> La idea secularizadora del hombre centrado en el mundo y antropocéntrica del hombre centro del mundo, ya iniciadas en el tránsito a la modernidad, inspiran la orientación de este siglo. El estudio del mundo, de la naturaleza y del ser humano en sociedad dará sentido a la ciencia y al conocimiento desde una perspectiva racional. Al primado de la fe le sustituirá la idea de libertad. La emancipación del imperialismo intelectual de la teología conducirá a la búsqueda de fundamentos naturales y racionales en sectores de la realidad como el derecho, la economía, el estado y las relaciones sociales.[25]

Las ideas liberales, hijas predilectas de la Ilustración, fueron la pólvora para la explosión de una de las más sangrientas revoluciones de la historia: la Revolución francesa. Dos mujeres que han sido consideradas históricamente como las primeras feministas de la historia fueron fatalmente afectadas por tal acontecimiento histórico: Mary Wollstonecraft y Olympe de Gouges.

Wollstonecraft nace en 1759 en Inglaterra, llegando a ser filósofa, escritora y precursora del movimiento feminista.

---

[25] Gregorio Peces-Barba Martínez, *Derecho, sociedad y cultura en el siglo XVIII,* tomo II, vol. I (Madrid: Instituto de Derechos Humanos Bartolomé de las Casas, 2003), pp. 7-219.

Observando y analizando los acontecimientos y comentarios de otros intelectuales sobre la Revolución francesa (como su rival académico, Edmund Burke), publica el libro *Vindicación de los derechos de las mujeres* en 1792, obra que trata del tema de la igualdad de la educación entre hombres y mujeres (sin considerar sus diferentes naturalezas) y la crítica constante a los hábitos femeninos de la época, incluyendo el interés de la mayoría de las mujeres por casarse.

A pesar de disertar sobre la independencia y la libertad de la mujer, Mary no puso en práctica sus propias enseñanzas, aceptando ser amante del pintor Henry Fuseli y más tarde intentando suicidarse dos veces luego de ser rechazada amorosamente por un estafador americano llamado Gilbert Imlay.

Mary, así como otros intelectuales de su tiempo, fue una gran crítica de la institución del matrimonio, aunque se embaraza del filósofo y pensador liberal William Godwin, el cual acaba casándose con ella».[26]

La precursora de los ideales de libertad para las mujeres en Francia fue la escritora Olympe de Gouges (1748-1793). Nacida en una familia burguesa, ella estuvo involucrada personalmente en la Revolución francesa, acompañando todas sus divisiones. De Gouges llega a criticar a sus compañeros revolucionarios por la violencia cometida con el propio pueblo francés. Al publicar obras donde discrepaba públicamente del dictador Robespierre, como *Las tres urnas* y *La salvación de la patria por un viajero aéreo*, así como la *Declaración de los derechos de la mujer y de la ciudadana*, fue condenada por sus propios compañeros de lucha a la guillotina.

---

[26] Janet M. Todd, «The Biographies of Mary Wollstonecraft», *Signs I*, n.º 3 (primavera 1976), pp. 721-34, http://www.jstor.org/stable/3173151.

No nos olvidemos de que los revolucionarios franceses fueron el origen de lo que hoy llamamos izquierda. Trágicamente, podemos decir que los propios izquierdistas terminaron por asesinar violentamente a la primera feminista de la historia, pues ella se atrevió a discrepar con ellos.[27]

El comunismo

El año 1848 es posiblemente el año más emblemático para los revolucionarios de todo Occidente. Los hechos determinantes para los siglos siguientes son tres: la revolución de los pueblos, el lanzamiento del *Manifiesto comunista* de Karl Marx y Federico Engels y la primera conferencia por los derechos de la mujer en Seneca Falls, Nueva York, Estados Unidos.

Puedo decir con seguridad que la idea de la destrucción de la familia tradicional no es invento de la modernidad feminista. La verdad es que este plan terrible viene desde mucho antes. Los comunistas entienden que la destrucción de la unidad familiar precede a una sociedad comunista y tiene una importancia prioritaria como la toma de las tierras y los medios de producción. Esto lo podemos notar en el *Manifiesto comunista*, ya que Marx elige el segundo capítulo para tratar del tema.

¡Abolición de la familia! [...] hasta los más radicales gritan escándalo. [...] ¿En qué se funda la familia actual, la familia burguesa? En el capital, en el lucro privado. Solo la burguesía tiene una familia, en el pleno sentido de la palabra; y esta familia encuentra su complemento en la carencia forzosa de relaciones familiares de los proletarios y en la pública prostitución.[28]

---

[27] *Grande Enciclopedia Delta Larousse*, 5a ed., vol. 6 (Rio de Janeiro: Editorial Delta S. A, 1978), p. 3130.
[28] Karl Marx, *Manifiesto comunista* (Santiago, Chile: Babel, 1948), cap. 2, p. 40.

Para la ideología comunista, la familia tradicional burguesa, o sea, la que es monogámica, heterosexual y cristiana acaba por perpetuar sus morales y tradiciones a las próximas generaciones, y por lo tanto, debe ser destruida. Marx es muy enfático al decir que solo la familia tradicional debe ser destruida, concepto que influenciará más tarde a las feministas.

Sin embargo, según el comunismo, la unidad familiar es un obstáculo para la liberación humana. El comunismo clásico considera que los factores económicos son clave para determinar la formación de las relaciones familiares, y requiere que la unidad familiar privada se transforme en una forma de propiedad pública.[29]

El marxismo ha producido muchos otros hijos que siguen sus planteamientos, como la ideología de género, los movimientos raciales (desde el *Black Panther* hasta el *Black Lives Matter*), las minorías identitarias como migrantes, activistas indigenistas, ambientalistas, etc. Todos ellos comparten una característica en común: utilizan la teoría de la división de clases marxista para mantenerse activos y perpetuarse en el poder.

El concepto fundamental para Marx y Engels es que la sociedad siempre estaría dividida en dos clases distintas, una que sería la oprimida y la otra que sería naturalmente su opresora. Ellos reflexionan y escriben en el punto culminante de la Revolución Industrial (1848). Ambos consideraron que los trabajadores (conocidos en este escenario como proletariado) estarían teniendo su fuerza de trabajo constantemente explotada por una clase mala y mezquina (conocida

---

[29] «How the Specter of Communism Is Ruling Our World», *The Epoch Times*, 18 junio 2018, cap. 7, Parte 1: «The Destruction of the Family», https://www.theepochtimes.com/c-how-the-specter-of-communism-is-ruling-our-world.

como la burguesía o los dueños de los medios de producción). Los burgueses eran los dueños de las fábricas e industrias, es decir, los empleadores de estos trabajadores.

Marx sostiene que los burgueses explotan a los proletarios al quitarles la libertad y que la única manera de que esta clase pueda recuperar su autonomía es a través de una «revolución del proletariado». Esa revolución debería caracterizarse por la toma de los medios de producción por parte del proletario, el cual asumiría el control e instituiría el socialismo. Eso traería como consecuencia que todos vivan en una sociedad igualitaria, donde serían libres y felices. Esta conclusión es la gran esperanza del experimento socialista.

Lo que muchos profesores de historia en colegios y universidades ocultan es que esta «revolución del proletariado» no es pacífica, sino que consiste en una toma violenta del poder y presupone la eliminación de los que pertenezcan a la clase burguesa.

Engels publicó un libro titulado *El origen de la familia, la propiedad privada y el Estado,* el cual estaba basado en varias anotaciones dejadas por Marx antes de su muerte en 1877. La obra es prácticamente un manual de instrucciones para la destrucción familiar y la toma del poder. Podría decirse que muchos grupos afines, incluyendo a las feministas, usaron ese libro para desarrollar sus ideas y prácticas.

Engels llegó a afirmar que el cristianismo ha impuesto, a través de su nuevo modelo de matrimonio, el fin de la poligamia, el cual se caracteriza por un ataque frontal a la libertad de las mujeres. De acuerdo con Engels, la poligamia anterior al matrimonio cristiano regalaba libertad a las mujeres, ya que ellas no pertenecían a los maridos y no eran subordinadas a ellos. Es lo que él denominó el «matriarcado». Con la institución del matrimonio sacramental y monogámico, hombres y mujeres se vuelven propiedad privada uno del otro y los hijos propiedad privada de los padres. Los comunistas enseñan que hay que destruir todas las propiedades privadas, comenzando por la primera, es decir, la familia. Engels afirma lo siguiente:

> La abolición del derecho materno fue la gran derrota histórica del sexo femenino en todo el mundo. El hombre empuñó las riendas también en la casa y la mujer se vio degradada, convertida en la servidora, en la esclava de la lujuria del hombre, en un simple instrumento de reproducción.[30]

Este libro provee todos los conceptos de división de clase de los cuales se han apropiado primeramente el feminismo y más tarde otros movimientos progresistas, como vemos en las citas a continuación:

> La familia moderna contiene, en germen, no solo la esclavitud (*servitus*), sino también la servidumbre, y desde el comienzo mismo guarda relación con las cargas en la agricultura. Encierra, *in miniature*, todos los antagonismos que se desarrollan más adelante en la sociedad y su Estado.[31]
>
> Hoy puedo agregar: el primer antagonismo de clases que apareció en la historia coincide con el desarrollo del antagonismo entre el hombre y la mujer en la monogamia; y la primera opresión de clases, con la opresión del sexo femenino por el masculino.[32]
>
> Así pues, en los casos en que la familia monogámica refleja fielmente su origen histórico y manifiesta con claridad el conflicto entre el hombre y la mujer, originado por el dominio exclusivo del primero, tenemos un cuadro en

---

[30] Federico Engels, *El origen de la familia, la propiedad privada y el Estado* (Madrid: Fundación Federico Engels, 2006), p. 64.
[31] *Ibíd.*, p. 65.
[32] *Ibíd.*, p. 72.

miniatura de las contradicciones y los antagonismos en medio de los cuales se mueve la sociedad, dividida en clases desde la civilización, sin poder resolverlos ni vencerlos.[33]

En la familia, el hombre es el burgués y la mujer representa al proletario. [...] La república democrática no suprime el antagonismo entre las dos clases.[34]

Es exactamente allí donde se origina toda la teoría que las feministas repiten como guacamayos de que el hombre es naturalmente el opresor de la mujer.

Clara Zetkin (1857-1933), la líder del movimiento socialista de mujeres en Alemania, dijo que este libro era «de la mayor importancia para la lucha por la liberación de todo el sexo femenino».[35]

Lo que las feministas obvian es que Karl Marx solamente tuvo un único empleo de verdad y que fue totalmente dependiente económicamente de su esposa durante dieciséis largos años. ¿Cómo la retribuyó? La traicionó con una de las sirvientas de la casa que quedó embarazada. Tampoco te contarán que dos de sus hijas terminaron suicidándose.[36]

Es un hecho que las obras socialistas han ejercido una total influencia en la formación de las ideas feministas, primeramente en el campo intelectual con publicaciones de libros y ensayos y más adelante prestando su *modus operandi* revolucionario a las militancias callejeras. Podría afirmar que la destrucción de la familia ya no solo era parte del ideario comunista, sino que se fue infiltrando lentamente en la imaginación femenina.

---

[33] *Ibíd.*, p. 74.

[34] *Ibíd.*, p. 81.

[35] Richard Weikart, *History of European Ideas*, vol. 18, n.º 5, «Marx, Engels and the Abolition of the Family» (Londres: Elsevier Science Ltd, 1994), pp. 657-672, https://www.sciencedirect.com/science/article/abs/pii/0191659994904200.

[36] Eliane Lobato, *As misérias de Marx*, ISTOÉ, n.º 2765, 27 enero 2023, https://istoe.com.br/286578_AS+MISERIAS+DE+MARX/.

Alexandra Kollontai (1872-1952), líder de la parte femenina del Partido Comunista de la Unión Soviética, llegó a publicar decenas de libros diseminando el tema, pero luego añadió sus visiones con respecto al rol de la mujer como madre y esposa, llegando a acuñar el término «esclavitud doméstica», como podemos ver a continuación:

Hay algo que no se puede negar, y es el hecho de que le ha llegado su hora al viejo tipo de familia. No tiene de ello culpa el comunismo: es el resultado del cambio experimentado por las condiciones de vida. *La familia ha dejado de ser una necesidad para el Estado como ocurría en el pasado.* [...] Tampoco es ya necesaria la familia a los miembros de ella, puesto que la tarea de criar a los hijos, que antes le pertenecía por completo, pasa cada vez más a manos de la colectividad.

Sobre las ruinas de la vieja vida familiar, veremos pronto resurgir una nueva forma de familia que supondrá relaciones completamente diferentes entre el hombre y la mujer, basadas en una *unión de afectos y camaradería, en una unión de dos personas iguales en la Sociedad Comunista, las dos libres, las dos independientes, las dos obreras.* ¡No más «servidumbre» doméstica para la mujer! ¡No más desigualdad en el seno mismo de la familia! ¡No más temor por parte de la mujer de quedarse sin sostén y ayuda si el marido la abandona!

La mujer, en la Sociedad Comunista, no dependerá de su marido, sino que sus robustos brazos serán los que le proporcionen el sustento. Se acabará con la incertidumbre sobre la suerte que puedan correr los hijos. El Estado comunista asumirá todas estas responsabilidades. El matrimonio quedará purificado de todos sus elementos materiales, de todos los cálculos de dinero que constituyen la repugnante mancha de la vida familiar de nuestro tiempo.[37]

La profesora feminista Linda Gordon va aún más profundo cuando admite el plan macabro en contra de la familia nuclear y señala con precisión: «La familia nuclear debe ser destruida y las personas deben encontrar mejores formas de convivencia».[38]

Hemos encontrado la fórmula socialista que inspira al feminismo. Estamos hablando de una herencia nefasta basada en dividir a la sociedad en dos distintos bloques antagónicos: el oprimido y el opresor. La diferencia radica en que, en el contexto comunista, la clase oprimida sería el obrero proletario y los opresores son los ricos y burgueses. Adaptando la lógica al movimiento feminista, la clase oprimida estaría representada por las mujeres, mientras la clase opresora serían los hombres sin distinción.

En este nuevo modelo de evaluación del problema de la sociedad, las feministas concluyen que de la misma manera que un patrón oprime a un trabajador y explota su fuerza de trabajo, así también el hombre, como su antagonista, explota de forma natural a la mujer a través de su cuerpo. Es a través del matrimonio cristiano que el hombre exige la monogamia, la heterosexualidad y la reproducción, violentando así la libertad del cuerpo de la mujer.

¿Cuál es la solución planteada por los comunistas para resolver este problema? La revolución. La única manera en que los trabajadores pueden liberarse de la supuesta tiranía de la burguesía sería a través de una «revolución del proletariado» violenta. Ese episodio es descrito como una insurgencia de los trabajadores, quienes se levantarían en armas y lucharían con violencia con el fin de instaurar un

---

[37] Alexandra Kollontai, *El comunismo y la familia* (Barcelona: Editorial Marxista, 2002), pp. 23-24, https://www.marxists.org/espanol/kollontai/comfam.htm.

[38] Linda Gordon, «Functions of the Family», *Women: A Journal for Liberation*, vol. 1, n.º 2 (1970), pp. 20-24.

régimen de «igualdad» para todos y que conduciría a los ciudadanos a la libertad comunista.

El movimiento feminista hereda la misma estrategia para llegar al poder, pero no con una revuelta de los trabajadores, sino con lo que han denominado «la revolución sexual». Si el hombre está esclavizando el cuerpo de la mujer, entonces las mujeres deberían utilizarlo como herramienta revolucionaria. Si el matrimonio cristiano presupone, como ya vimos, la monogamia, la heterosexualidad y la reproducción, y el marxismo presupone la lucha antagónica, el feminismo debe utilizar las mismas armas contrarias: la poligamia, la homosexualidad y la antirreproducción. Las feministas consideran que la libertad de la mujer solo puede alcanzarse a través de una revolución sexual.

Kate Millet (1934-2017), una de las más importantes escritoras feministas, expuso ese aspecto de manera muy clara en su libro *La política sexual*:

> Una revolución sexual requeriría, como primera medida, la desaparición de los tabúes e inhibiciones sexuales que coartan las actividades que más seriamente amenazan la institución patriarcal del matrimonio monogámico: la homosexualidad, la «ilegitimidad», las relaciones entre adolescentes y la sexualidad prematrimonial y extramatrimonial.[39]

Como hemos venido diciendo desde el comienzo de este libro: no debemos olvidar que el objetivo final del feminismo es la destrucción de la naturaleza de la mujer. Este objetivo no se logrará con facilidad ni rapidez. Es necesario infiltrarse en su imaginación, tomar sus pensamientos críticos, cambiar sus opiniones, ropas, intereses

---

[39] Kate Millett, *La política sexual* (Madrid: Ediciones Cátedra, 1995), p. 128, https://feminismosaprendem. files.wordpress.com/2017/02/millett-kate-politica-sexual.pdf.

y destino. El movimiento feminista ha tenido todo un siglo para desarrollar técnicas y estrategias con el fin de conquistar el interés, la adhesión, y así transformar mujeres normales y convertirlas en marionetas ideológicas. En los próximos capítulos trataremos de desentrañar cada una de ellas.

Las **FEMINISTAS** crean
PROBLEMAS VERDADEROS

EL FILÓSOFO BRASILEÑO OLAVO DE CARVALHO señala que «una ideología es un discurso que esconde, bajo argumentos supuestamente neutrales y racionales, algún interés material».[1] En el caso del feminismo, su interés principal es captar más adeptas a su movimiento. Sin embargo, me pregunto cómo hacen las feministas para disfrazar u ocultar sus verdaderas intenciones y convencer a tantas jóvenes que realmente buscan ser buenas, auténticas y legítimas.

---

[1]   Olavo de Carvalho, https://twitter.com/opropriolavo/status/1109415406643695616?lang=pt.

El estudio del movimiento feminista me ha permitido descubrir que han venido aplicando una técnica casi infalible sobre las mujeres desde el comienzo del siglo XXI. Le he denominado a esta técnica el «ciclo de construcción de feministas».

Ciclo de construcción de feministas

Esta técnica consiste en convencer a las mujeres de que existen problemas graves en la sociedad que les afectan personalmente. Muchos de estos problemas son verdaderos y representan causas legítimas como la violencia contra la mujer, las violaciones y los acosos sexuales. Es obvio que estos tres problemas terribles deben ser solucionados, pero la dificultad radica en que la solución planteada por el feminismo es falsa.

El feminismo también crea problemas completamente inexistentes en el imaginario femenino, tal como lo ha hecho Betty Friedan en el libro *La mística femenina*. Ella se refiere a un supuesto aburrimiento que el ama de casa norteamericana siente producto de estar demasiado dedicada a la vida familiar y muy poco inmersa en la vida pública. Friedan lo ha denominado el «malestar sin nombre». Ella lo explica de la siguiente manera:

> El problema permaneció latente durante muchos años en la mente de las mujeres norteamericanas. Era una inquietud extraña, una sensación de disgusto, una ansiedad que ya se sentía en los Estados Unidos a mediados del siglo actual. Todas las esposas luchaban contra ella.[2]

Después de impregnar la imaginación de la mujer con problemas tanto legítimos como falsos, el feminismo propone una aparente

---

[2] Betty Friedan, *La mística de la feminidad* (Barcelona: Sagitario, S. A., 1965), p. 29, https://libroschorcha.files.wordpress.com/2018/04/la-mistica-de-la-feminidad-betty-friedan.pdf.

solución que solo se basa en su ideología; es decir, aprovechan la fuerza de voluntad y el sentido de justicia de las mujeres para proveerles soluciones falsas.

Estas falsas soluciones son en realidad estrategias ideológicas muy bien desarrolladas para ser utilizadas como instrumentos de cambio social. El objetivo es que a través de las quejas y el activismo femenino se pueda conquistar territorios y tomar el poder. Todo esto, por supuesto, siempre en nombre de esa ideología.

Muchas mujeres han creído en este juego maligno de ajedrez, pensando que cada movimiento que hacían las estaba conduciendo a la resolución de los problemas presentados. Sin embargo, la realidad iba demostrando que, con cada paso que daban para lograr los objetivos del plan, terminaban por generar problemas reales que las han afectado directamente durante los últimos cincuenta años.

El feminismo llega a este punto incriminando a inocentes, a los que culpa por todos los problemas femeninos. Los señalarán como villanos que deben ser destruidos y así llegan a eliminar a dos pájaros de un solo tiro, porque muchas veces aquellos a los que apuntan como enemigos son los únicos realmente capaces de proporcionarle a la mujer lo que inicialmente buscaba en términos de seguridad, respeto y felicidad. Luego de que han producido este problema más grave, se dedican a crear nuevos problemas y así redireccionan la atención de las mujeres para reiniciar el ciclo.

A continuación analizaremos con más detalle y profundidad los problemas formulados por las principales exponentes feministas, la solución que propusieron y las consecuencias que les ocasionaron a las mujeres.

Margaret Sanger, nacida Margaret Higgins en 1879 en Corning, Nueva York, fue enfermera, escritora y activista feminista. Ella es la fundadora de la primera clínica de aborto en Estados Unidos.

Actualmente se conoce como *Planned Parenthood*, una red mundialmente famosa que se presenta como una organización de cuidado de la salud reproductiva y sexual de las mujeres. Margaret era una militante aguerrida que luchaba por el control de la natalidad y la eugenesia. Conozcamos a continuación algunas de sus palabras:

> El mal más grave de nuestro tiempo es el de favorecer la llegada al mundo de familias numerosas. La práctica más inmoral del día es criar demasiados niños.[3]

> Ninguna mujer puede llamarse libre si no posee y controla su cuerpo. Ninguna mujer puede llamarse libre hasta que pueda elegir conscientemente si será o no madre.[4]

> Todos nuestros problemas son el resultado de la crianza excesiva entre la clase trabajadora, [...] El conocimiento del control de la natalidad es esencialmente moral. Su práctica general, aunque prudente, debe conducir a una individualidad superior y, en última instancia, a una raza más limpia.[5]

> La mujer debe tener su libertad, la libertad fundamental de elegir si será o no madre y cuántos hijos tendrá. Independientemente de cuál sea la actitud del hombre, ese problema es de ella, y antes de que pueda ser de él, es solo de ella. Atraviesa sola el valle de la muerte cada vez que nace un bebé. Así como no es derecho ni del hombre ni del

---

[3] Margaret Sanger, *Woman and the New Race* (Nueva York: Truth Publishing Company, 1920), cap. 5: «The Wickedness of Creating Large Families», p. 57, https://www.google.com/books/edition/Woman_and_the_New_Race/AywKAAAAIAAJ?hl=en&gbpv=1&dq=woman+and+the+new+race,+margaret+sanger&printsec=frontcover.

[4] *Ibíd.*, cap. 8, «Birth Control—A Parent's Problem or Woman's», p. 94.

[5] Margaret Sanger, *Woman, Morality and Birth Control* (Nueva York: New York Women's Publishing Co., 1922), p. 10, https://archive.org/details/womanmoralitybir00sang/page/12/mode/2up.

estado obligarla a pasar por esta prueba, también es su derecho decidir si la soportará.[6]

Porque creo que en el fondo de la naturaleza de la mujer yace dormido el espíritu de rebelión.

Porque creo que la mujer está esclavizada por la máquina del mundo, por las convenciones sexuales, por la maternidad y su actual crianza necesaria, por la esclavitud asalariada, por la moral de la clase media, por las costumbres, las leyes y las supersticiones.

Porque creo que estas cosas que esclavizan a la mujer deben ser combatidas abiertamente, sin miedo, conscientemente.[7]

Sanger ataca directamente a la naturaleza de la mujer al proponer la idea de una nueva configuración familiar basada primeramente en la determinación femenina en cuanto a si quiere o no ser madre, cuántos hijos desea tener y cuándo hacerlo. Por primera vez se habla del control de la natalidad como la capacidad de determinación de la mujer sobre su propio cuerpo. Allí nace el concepto preferido feminista de «empoderamiento de la mujer».

Es muy posible que hayan notado que cada problema presentado va acompañado de una solución que demanda un hecho libre por parte de la mujer. Debemos preguntarnos entonces, ¿cómo entiende la libertad el movimiento feminista?

Simone de Beauvoir, considerada la más grande exponente del movimiento, dijo en alguna oportunidad: «Que nada nos limite, que nada nos defina, que nada nos detenga. Que la libertad sea nuestra

---

[6] Margaret Sanger, *Woman and the New Race*, cap. 8, «Birth Control, a Parent's Problem or Woman's?», p. 100.

[7] Margaret Sanger, «*Why the Woman Rebel?*», *The Woman Rebel,* marzo 1914, https://ehistory.osu.edu/ sites/ehistory.osu.edu/files/mmh/clash/NewWoman/Documents/womenrebel.htm.

propia sustancia, ya que vivir es ser libre».[8] Podemos inferir que la libertad para Beauvoir sería la sustancia de nuestros cuerpos y de nuestro ser. Sería imposible vivir sin la capacidad de actuar libremente. Este hecho libre es explicado en la misma frase. Básicamente, para ser en verdad libre no se puede tener límites ni definiciones, y mucho menos respetar cualquier autoridad.

La idea que condiciona la libertad al control de la natalidad siguió siendo difundida a través de Betty Friedan, pero ella fue todavía más lejos. La mujer que quiera ser libre deberá renunciar completamente no solo a la maternidad, sino también al mismo matrimonio. Ella llega a comparar la vida doméstica con un campo de concentración nazi durante todo el segundo capítulo de su libro.

> ¿Por qué deben aceptar las mujeres ese cuadro de una vida a medias, en vez de una participación total en el destino humano?[9]
>
> Las mujeres que se «adaptan» al papel de amas de casa, que alcanzan su desarrollo queriendo ser «solamente amas de casa», corren un peligro tan grande como los millones de seres que marchaban hacia la muerte en los campos de concentración [...] una muerte lenta de la mente y del espíritu.[10]
>
> ¿Pero no es su casa, en realidad, un confortable campo de concentración? Las mujeres que viven de acuerdo con el modelo de la mística de la feminidad, ¿no han quedado aprisionadas dentro de las estrechas paredes de sus hogares? Han aprendido a «adaptarse» a su papel biológico. Se han vuelto pasivas, infantiles, dependiendo de

---

[8] Simone de Beauvoir, *A força da idade*, Sérgio Milliet, trad. (Río de Janeiro: Nova Fronteira, 2009), https://www.pensador.com/frase/MTYlMzE5OQ/.

[9] Friedan, *La mística de la feminidad*, p. 83.

[10] *Ibíd.*, pp. 340, 342.

los demás: han renunciado a su estructura adulta para vivir en el más bajo nivel, basado únicamente en cosas y alimentos. El trabajo que realizan no requiere facultades propias de un adulto, es interminable, monótono y sin compensaciones. Las norteamericanas no están siendo preparadas, desde luego, para una exterminación en masa, pero están sufriendo una muerte lenta de la mente y del espíritu, como ocurría con los prisioneros en los campos de concentración. Hay algunas mujeres que se han resistido a esta muerte, que han conseguido defender su esencia, que no han perdido el contacto con el mundo exterior, y que emplean sus capacidades con algún objeto creador. Son mujeres dotadas de energía e inteligencia que se han negado a «adaptarse».[11]

La mujer que hoy día no tiene un propósito, un objetivo, la ambición de proyectar sus días hacia el futuro, que la haga extenderse e ir más allá de esos pocos años en que su cuerpo cumple la función biológica, comete una especie de suicidio.[12]

La manera en la que Friedan se comunicó con las mujeres de los años 60 fue casi una provocación, casi un desafío, al decirles: «No creo que consigas hacer eso». Desafortunadamente, como peces seducidos por la carnada, muchas mujeres acabaron por caer en aquella trampa ideológica.

Los ataques contra la familia, el matrimonio y la maternidad no se detuvieron. Shulamith Firestone, feminista y autora de *La dialéctica de los sexos*, llega a llamarle «bárbaro» a un embarazo, en el

---

[11] *Ibíd.*, pp. 342-343.
[12] *Ibíd.*, p. 373.

sentido más primitivo e incivilizado, al comparar un nacimiento con «[defecar] una calabaza».[13]

Firestone también escribió que «las mujeres eran el estamento esclavo que sostenía la especie para dejar a la otra mitad libre para el manejo del mundo».[14] Ella plantea una solución revolucionaria y destructiva:

A menos que la revolución arranque de cuajo la organización social básica —la familia biológica, el vínculo a través del que la psicología del poder puede siempre subsistir clandestinamente—, el germen parasitario de la explotación jamás será aniquilado.[15]

La escritora y feminista radical Andrea Dworkin considera así al matrimonio:

El matrimonio como institución se desarrolló a partir de la violación como práctica. La violación, originalmente definida como rapto, se convirtió en matrimonio por captura. El matrimonio significaba que la captura se extendería en el tiempo, que no solo se usaría, sino que se poseería o sería propiedad de por vida.[16]

Por último, Sheila Cronan les envía un ultimátum a las mujeres al decirles que deben decidir entre una vida de casada con hijos o

---

[13] Shulamith Fireston, *La dialética de los sexos* (Barcelona: Editorial Kairós, 1976), p. 249, https://patagonialibertaria.files.wordpress.com/2014/11/163005241-shulamith-firestone-la-dialectica-del-sexo-pdf.pdf.

[14] *Ibíd.*, p. 257.

[15] *Ibíd.*, pp. 21-22.

[16] Andrea Dworkin, *Pornography – Men Possessing Women* (Nueva York: Plume, una división de Penguin Group, 1989), pp. 19-20, https://www.feministes-radicales.org/wp-content/uploads/2010/11/Andrea-DWORKIN-Pornography-Men-Possessing-Women-1981.pdf.

su libertad. Ella entendía que ambas condiciones son imposibles de coexistir juntas. Plantea la abolición del matrimonio para conseguir la verdadera libertad femenina:

> Dado que el matrimonio constituye una esclavitud para las mujeres, es claro que el movimiento de mujeres debe concentrarse en atacar esta institución. La libertad de la mujer no puede ganarse sin la abolición del matrimonio.[17]

El feminismo no se detuvo solo con el rechazo al matrimonio y a la maternidad. Las teóricas feministas fueron aún más adelante, incitando la misandria, es decir, el odio, el enojo, el asco, la aversión y la repulsión hacia el sexo masculino. Judith Levine, escritora norteamericana y libertaria, se une a ese pensamiento y señala:

> El odio al hombre está en todas partes, pero en todas partes está torcido y transformado, disfrazado, tranquilizado y calificado. Coexiste, nunca pacíficamente, con el amor, el deseo, el respeto y la necesidad que las mujeres también sienten por los hombres. El odio a los hombres siempre está ensombrecido por su gemelo más suave, más diplomático y dudoso, la ambivalencia.[18]

Germaine Grees, escritora de la famosa obra feminista *El eunuco femenino* (título que presupone que las mujeres serían seres castrados, desprovistas de su libertad de elección) opina sobre la realidad del hombre con las siguientes palabras: «Probablemente, el único

---

[17] Sheila Cronan, «Marriage», en *Radical Feminism,* Anne Koedt, Ellen Levine y Anita Rapone, eds. (Nueva York: Quadrangle Books, 1973), p. 219, https://archive.org/details/radicalfeminism00koedrich/page/n3/mode/2up.

[18] Judith Levine, *My Enemy, My Love: Man-Hating and Ambivalence in Women's Lives* (Nueva York: Doubleday, 1992), p. 3.

lugar donde se puede sentir verdaderamente seguro un hombre es en una prisión de máxima seguridad, si no fuera por el peligro inminente de su puesta en libertad».[19] En el mismo sentido, Marilyn French, autora de *La guerra contra las mujeres,* considera que «las mujeres fueron probablemente las primeras esclavas, y las mujeres de la élite blanca tenían un poder considerable en los primeros estados, hallándose sujetas a los hombres de su clase».[20]

Sally Miller Gearhart salió en defensa de la reducción de la población masculina en el planeta en 1982 con su ensayo titulado «El futuro, si hay uno, es femenino». Ella resume su plan en tres partes:

1. Cada cultura debe comenzar a afirmar un futuro femenino.
2. La responsabilidad de las especies debe devolverse a las mujeres en todas las culturas.
3. La proporción de hombres debe reducirse y mantenerse en aproximadamente el 10 % de la raza humana.[21]

Por ejemplo, French utiliza los dolores comúnmente experimentados por mujeres que realmente son víctimas de injusticias para inducir el pensamiento, ahora muy popular entre las feministas, de que todos los hombres son iguales.

Mientras algunos hombres usan la fuerza física para subyugar a las mujeres, todos los hombres no necesitan hacerlo. El conocimiento de que algunos hombres lo hacen es suficiente para amenazar a todas las mujeres. Más allá de eso, no es necesario golpear a una mujer para maltratarla. Un

---

[19] Germaine Greer, *La mujer eunuco*, Mireia Bofill y Heide Braun, trad. (Barcelona: Editorial Kairós: 1970, 1991), p. 316.
[20] Marylin French, *The War Against Women* (Nueva York: Simon & Schuster, 1992), p. 9.
[21] Sally Miller Gearhart, «The Future–If There Is One–Is Female», ensayo citado en *Reweaving the Web of Life: Feminism and Nonviolence* (Gabriola, BC, Canada: New Society Publishers, 1982), pp. 266-284.

hombre puede simplemente negarse a contratar mujeres en trabajos bien remunerados, obtener tanto o más trabajo de las mujeres que de los hombres pero pagarles menos, o tratar a las mujeres de manera irrespetuosa en el trabajo o el hogar. Puede dejar de mantener a un hijo que ha engendrado, exigir que la mujer con la que vive lo atienda como una sirvienta. Puede golpear o matar a la mujer que dice amar; puede violar a mujeres, ya sean compañeras, conocidas o desconocidas; puede violar o abusar sexualmente de sus hijas, sobrinas, hijastros o los hijos de una mujer a la que dice amar. *La gran mayoría de los hombres en el mundo hacen una o más de las cosas anteriores.*[22]

Andrea Dworkin llega al extremo de incitar el odio de las madres en contra de sus propios hijos:

Bajo el patriarcado, ninguna mujer está segura para vivir su vida, o para amar, o para tener hijos. Bajo el patriarcado, toda mujer es una víctima, pasado, presente y futuro. Bajo el patriarcado, la hija de cada mujer es una víctima, pasado, presente y futuro. Bajo el patriarcado, el hijo de cada mujer es su traidor potencial y también el violador o explotador inevitable de otra mujer.[23]

Por último, la editora de la revista *Ms*, famosísima publicación de los años 70, revela en una entrevista a la escritora feminista Robin

---

[22] Christina Hoff Sommers, *Who Stole Feminism?: How Women Have Betrayed Women* (Nueva York: Simon & Schuster; 1994), cap. 2, «Indignation, Resentment, and Collective Guilt», p. 43, https://archive. org/details/ChristinaHoffSommersWhoStoleFeminismHowWomenHaveBetrayedWomen1994SimonS chuster/page/n43/mode/2up.

[23] Andrea Dworkin, citado en *Defending Pornagraphy: Free Speech, Sex, and the Fight for Women's Rights* de Nadine Strossen (Nueva York: Doubleday, 1995), p. 228.

Morgan: «Siento que el "odio a los hombres" es un acto político honorable y viable, que los oprimidos tienen derecho al odio de clase contra la clase que los oprime».[24]

El movimiento feminista se ha dedicado durante décadas a la producción intelectual que busca esculpir el pensamiento femenino que rechaza su naturaleza y va en busca de una falsa libertad. Sin embargo, las soluciones falsas siguen proveyendo esperanzas equivocadas. De acuerdo con las ideólogas feministas, la homosexualidad a través del lesbianismo es la única forma de liberación del patriarcado que mantiene a las mujeres oprimidas como clase más débil. Dado que el hombre, de acuerdo con la percepción feminista, es el opresor natural de la mujer, y habiendo entendido que el rol de madre y esposa debería ser rechazado por completo, ¿cuál sería entonces el sentido de mantener relaciones sexuales con el sexo opuesto? Ti-Grace Atkinson es corta y afilada al responder esa pregunta: «La institución de las relaciones sexuales es antifeminista».[25] También Sheila Jeffreys, una feminista lesbiana y exprofesora universitaria, ha dicho que «cuando una mujer alcanza el orgasmo con un hombre, está colaborando con el sistema patriarcal y erotizando su opresión».[26]

Por último, Cheryl Clarke escribe lo siguiente en su libro, que lleva la propia ideología en su título, *Lesbianismo: un acto de resistencia.*

Debemos saber que la institución de la heterosexualidad es una costumbre intransigente a través de la cual las

---

[24] Robin Morgan, citado en *Speaking for Our Lives: Historic Speeches and Rhetoric for Gay and Lesbian Rights (1892-2000)*, Robert B. Ridinger, ed. (Nueva York: Harrington Park Press, 2004), p. 202.

[25] Ti-Grace Atkinson, *The Institution of Sexual Intercourse* (Nueva York: The Feminist, 1968), https://quotefancy.com/quote/1658683/Ti-Grace-Atkinson-The-institution-of-sexual-intercourse-is-anti-feminist.

[26] Reyes Monforte, citado en «Erotizar la opresión», en la revista *LARAZON*, 25 agosto 2018, https://www.larazon.es/opinion/20180925/7xkk3kbckvbz7e6meatdeslkoi.html#:~:text=%C2%ABCuando%20una%20mujer%20alcanza%20el,da%C3%B1ino%20como%20lo%20de%20sobrecargar.

instituciones supremacistas masculinas aseguran su propia perpetuidad y control sobre nosotras. Las mujeres son mantenidas y contenidas a través del terror, la violencia y el rocío del semen. Es rentable para nuestros colonizadores confinar nuestros cuerpos y alienarnos de nuestra propia vida. [...] La mujer que abraza el lesbianismo como medio ideológico, político y filosófico para liberar a todas las mujeres de la tiranía heterosexual también debe identificarse con la lucha mundial de todas las mujeres para acabar con la tiranía machista a todos los niveles.[27]

Toda la filosofía feminista ha servido primeramente para aterrorizar a las mujeres, luego llamarlas al combate e incitarlas a tener un espíritu de rebeldía disfrazado de «justicia a los oprimidos», tal como podemos observarlo en las palabras de Margaret Sanger citadas anteriormente, quien afirma al final:

Porque creo que en el fondo de la naturaleza de la mujer yace dormido el espíritu de rebelión.[28]

Los resultados del «ciclo de construcción de feministas»

Sin embargo, el movimiento feminista no ha tenido el resultado esperado. La rebeldía femenina y el ataque frontal a las instituciones tradicionales no le han traído a la mujer la liberación tan prometida por

---

[27] Cheryl Clarke, «Lesbianismo: un acto de resistencia», citado en *This Bridge Called My Back: Writings by Radical Women of Color*, Cherríe Moraga y Gloria Anzaldúa, eds. (Persephone Press, 1981), pp. 142, 143, https://mastersofsexshortcourse.files.wordpress.com/2016/04/cherrc3ade-l-moraga-and-gloria-e-anzaldc3baa-this-bridge-called-my-back-writings-by-radical-women-of-color.pdf.

[28] Margaret Sanger, «Why the Woman Rebel?», *The Woman Rebel*, marzo 1914, https://ehistory.osu.edu/sites/ehistory.osu.edu/files/mmh/clash/NewWoman/Documents/womenrebel.htm.

el feminismo. Como he venido explicando en la técnica del «ciclo de construcción de feministas», este movimiento nunca tuvo la intención de solucionar problemas reales, pero sí de generar problemas y soluciones falsos en las cabezas de las mujeres que, a su vez, les han traído problemas reales.

Es obvio que el movimiento feminista no ha convertido a todas las mujeres en lesbianas odiadoras de niños y hombres, porque a fin de cuentas los cambios culturales e históricos tardan tiempo. Mientras tanto, es evidente que el sexo casual ha sido cada vez más aceptado socialmente, la cantidad de hijos por pareja ha ido disminuyendo, el índice de divorcio ha aumentado y la cantidad de madres solteras se ha multiplicado exponencialmente.

Veremos a continuación algunas de las consecuencias que la revolución sexual feminista ha traído para las mujeres y toda la sociedad en general.

Las personas se están casando menos, se divorcian más, tienen hijos más tarde y la tasa de natalidad sigue cayendo

Toda la propaganda en contra de los hombres, la familia y el matrimonio ha propiciado que las mujeres hayan sido conducidas a caminos alternativos. Por ejemplo, la industria del entretenimiento distribuye un contenido que se caracteriza por presentar una nueva configuración femenina: la mujer empoderada que trabaja fuera del hogar durante todo el día para tener sus propios ingresos, porque es inimaginable ser dependiente financieramente de un «macho opresor». Sus prioridades son otras y aunque orbiten más en la imaginación que en la realidad, las consecuencias son indiscutibles. De acuerdo con el Centro para el Control y la Prevención de Enfermedades de los Estados Unidos:

Las mujeres estadounidenses promediaron más de siete hijos cada una hasta las primeras décadas del siglo XIX. Después de 1900, la fecundidad promedio disminuyó gradualmente, interrumpida solo por el auge de la natalidad que siguió a la Segunda Guerra Mundial. Otra caída en la tasa total de fecundidad (TFR, por sus siglas en inglés) se produjo en la década de 1970, debido en gran parte al retraso en el matrimonio, el uso generalizado de anticonceptivos y los cambios en las leyes sobre el aborto. La tasa de fecundidad total es el número promedio de hijos que una mujer tendría a lo largo de su vida en función de las tasas de fecundidad de las mujeres de una población en un año determinado. En 2020, el factor transformador de crecimiento (TGF, por sus siglas en inglés) de EE. UU. cayó a 1,64, el nivel más bajo jamás registrado.[29]

En 2020, la tasa general de fertilidad en los EE. UU. fue de aproximadamente 56 nacimientos por cada 1000 mujeres, la tasa más baja registrada y aproximadamente la mitad de lo que era a principios de la década de 1960.[30]

¿Cuál sería el objetivo en disminuir una población? Es más fácil controlar una población disminuida que será menos resistente a cualquier tipo de dominio. El feminismo no es un fin en sí mismo, pero sí un agente en las manos de los que quieren ejercer el poder mundial.

La edad promedio en que una mujer se vuelve madre también aumentó de forma significativa. De acuerdo con el Departamento de

---

[29] PRB, «Why Is the U.S. Birth Rate Declining?», https://www.prb.org/resources/why-is-the-u-s-birth-rate-declining/#:~:text=American%20women%20averaged%20more%20than,boom%20following%20World%20War%20II.

[30] BBC NEWS, «US Birth Rate Falls 4% to Its Lowest Point Ever», 6 mayo 2021, https://www.bbc.com/news/world-us-canada-57003722.

Censos de Estados Unidos, en 1950 la media era de 21 años y pasó a 28 años en el 2021.[31] También puedo mencionar que las uniones libres, las cohabitaciones y el sexo casual son otras consecuencias de la mentalidad antimatrimonial que en nada contribuyen a alcanzar la verdadera libertad de la mujer.

De acuerdo con el Pew Research Center, un centro de investigación estadounidense, la cantidad de norteamericanos que viven con una pareja no casada llegó de manera sorprendente a los 18 millones en el año 2016, un 29 % más que en 2007. Aproximadamente la mitad de los que cohabitan tienen menos de 35 años. La gran mayoría de los miembros de la generación Z, los mileniales, la generación X y los *baby boomers* dicen que las parejas que viven juntas sin estar casadas no marcan una diferencia para nuestra sociedad.[32]

La organización Unifield Lawyers, una asociación australiana de abogados de familia, señala que la tasa de divorcio en el mundo fue de 12 % en 1960 y ascendió a 48 % en 2022. Eso significa que prácticamente la mitad de las personas que se casan en el mundo se divorciarán tarde o temprano.[33]

Además de todo lo mencionado anteriormente, los nuevos datos del censo indican que la tasa de matrimonio en los Estados Unidos acaba de alcanzar un mínimo histórico en 2019. De cada 1000 adultos solteros, solo 33 se casaron en 2019. Este número era 35 en 2010 y 86 en 1970.[34]

Todos estos datos nos muestran una realidad evidente. La mujer moderna y empoderada tiene ahora un tipo de vida que se

---

[31] U.S. Census Bureau, Decennial Censuses, 1890 to 1940, and Current Population Survey, Annual Social and Economic Supplements, 1947 to 2021. Nota: A partir de 2019, las estimaciones de matrimonios incluyen ahora a las parejas casadas del mismo sexo.

[32] Pew Research Center, «8 Facts about Love and Marriage in America», 13 febrero 2019, https://www.pewresearch.org/fact-tank/2019/02/13/8-facts-about-love-and-marriage/.

[33] Unified Lawyers, «Divorce Rate by Country: The World's 10 Most and Least Divorced Natons in 2022», 2 febrero 2022, https://www.unifiedlawyers.com.au/blog/global-divorce-rates-statistics/.

[34] Institute for Family Studies, «The U.S. Divorce Rate Has Hit a 50-Year Low», 10 noviembre 2020, https://ifstudies.org/blog/the-us-divorce-rate-has-hit-a-50-year-low.

presenta a menudo como contrario al rol de esposa y madre, pero de ello no ha surgido necesariamente mayor felicidad, como veremos en el último tópico de este capítulo.

El sexo casual continúa aumentando y también la cantidad de madres solteras

La revolución sexual presupone utilizar el cuerpo de la mujer como herramienta en contra de la opresión masculina. Es bastante curioso saber que la manera (no muy eficiente, pero sí muy contradictoria) que eligieron para lograrlo fue justamente a través de las relaciones sexuales en larga escala. Twenge, Sherman y Wells publicaron en el año 2015 una investigación científica denominada «Cambios en el comportamiento y las actitudes sexuales de los adultos estadounidenses, 1972–2012». Entre sus hallazgos se encuentra que el número de parejas sexuales que las personas informaron ha aumentado:

El número total de parejas sexuales desde los 18 años aumentó de 7,17 a fines de la década de 1980 (11,42 para hombres y 3,54 para mujeres) a 11,22 en la década de 2010 (18,22 para hombres y 5,55 para mujeres.[35]

Las tasas de sexo casual también han aumentado:

Entre los jóvenes de 18 a 29 años que informaron tener sexo sin pareja, el 35 % de los miembros de la generación X a fines de la década de 1980 tuvo relaciones sexuales con una cita casual o una recogida (44 % de los hombres y 19 % de las

---

[35] ResearchGate, «Changes in American Adults' Sexual Behavior and Attitudes, 1972-2012», mayo 2015, https://www.researchgate.net/figure/Adult-Americans-attitudes-toward-non-marital-sex-by-time-period-survey-year-and_fig2_275895690.

mujeres), en comparación con el 45 % de los mileniales en la década de 2010 (55 % de los hombres y 31 % de las mujeres).[36]

Entretanto, este nuevo comportamiento sexual de la juventud parece haber beneficiado más a los hombres que a las mujeres. De acuerdo con el Pew Research Center, si bien los hombres y las mujeres tienen puntos de vista similares sobre el sexo prematrimonial, es mucho más probable que los hombres encuentren aceptable el sexo casual (70 % frente a 55 %).[37]

Se puede observar con claridad que con los niveles de aceptación y práctica del sexo casual en alta y el compromiso del matrimonio en picada, surge para la mujer un problema nuevo y muy real: cargar sola con las consecuencias y responsabilidades de un embarazo. A fin de cuentas, todos sabemos que ningún método anticonceptivo, por más que las feministas los aprueben con orgullo, es eficiente al cien por ciento. Siempre hay fallas que se convierten en un embarazo «inesperado» o «no deseado» como suele decirse en la cultura en general. Lo cierto es que los datos sobre este tema son alarmantes.

Un informe de la Oficina del Censo de los Estados Unidos reveló que:

El 62 % de las madres primerizas de poco más de 20 años no están casadas. Los Estados Unidos tienen la tasa más alta del mundo de niños que viven en hogares con solamente uno de los padres.[38]

Según el Centro para Niños y Familias de Estados Unidos:

---

[36] *Ibíd.*

[37] Pew Research Center, Amanda Barroso, «Key Takeaways on Americans' Views of and Experiences with Dating and Relationships», 20 agosto 2020, https://www.pewresearch.org/fact-tank/2020/08/20/key-takeaways-on-americans-views-of-and-experiences-with-dating-and-relationships/.

[38] «U.S. Single Parent Households», https://post.ca.gov/portals/0/post_docs/publications/Building%20a%20Career%20Pipeline%20Documents/safe_harbor.pdf.

Veinticinco millones de niños están creciendo sin los padres en el hogar. Esto representa al 40 % de todos los niños norteamericanos.

El 40 % de todos los nacidos vivos en los EE. UU. son de madres solteras.

El 90 % de los beneficiarios de asistencia social son madres solteras.

El 70 % de los miembros de pandillas, los que abandonaron la escuela secundaria, los suicidios de adolescentes, los embarazos de adolescentes y los adolescentes que abusan de sustancias provienen de hogares de madres solteras.[39]

Un niño en un hogar monoparental tiene estadísticamente muchas más probabilidades de experimentar violencia, suicidio, continuar bajo el ciclo de pobreza, ser consumidor de drogas, cometer un delito o tener un desempeño educativo inferior al de sus compañeros.

Puedo mostrarles otra serie de estadísticas proporcionadas por diferentes organizaciones que muestran la gravedad del problema de los hogares monoparentales y el daño que provocan en sus miembros más jóvenes, porque producen:

- El 63 % de los suicidios de jóvenes.[40]
- El 90 % de todos los niños sin hogar y fugitivos.[41]
- El 85 % de todos los niños que muestran trastornos del comportamiento.[42]

---

[39] *Ibíd.*

[40] The Nacol Law Firm PC, «Fatherless Children», https://www.fathersrightsdallas.com/tag/fatherless-children/#:~:text=85%25%20of%20all%20children%20that.

[41] No Longer Fatherless.org., «Statistics on Fatherlessness in America and the Profound Impact of Mentoring», https://www.nolongerfatherless.org/statistics.

[42] Centro para el Control de Enfermedades de los Estados Unidos, https://www.fathersrightsdallas.com/tag/fatherless-children/#:~:text=85%25%20of%20all%20children%20that,Source%3A%20Center%20for%20Disease%20Control).

- El 80 % de los violadores motivados con ira desplazada.[43]
- El 71 % de todos los que abandonaron la escuela secundaria.[44]
- El 75 % de todos los pacientes adolescentes en centros de abuso de sustancias químicas.[45]
- El 70 % de los menores en instituciones operadas por el Estado.[46]
- El 85 % de todos los jóvenes en las prisiones.[47]

Según Single Parent Success Foundation, una organización nacional norteamericana sin fines de lucro que fomenta las oportunidades educativas para padres solteros:

- El 63 % de los suicidios en todo el país son cometidos por personas de familias monoparentales.
- El 75 % de los niños en los hospitales por dependencia química son de familias monoparentales.
- Más de la mitad de todos los jóvenes encarcelados en los EE. UU. vivían en hogares monoparentales.[48]
- Casi una cuarta parte de los niños estadounidenses menores de 18 años viven con uno de los padres y ningún otro adulto (23 %), más del triple de la proporción de niños que se encuentran en la misma situación en todo el mundo (7 %).[49]

---

[43] The Nacol Law Firm PC, Criminal Justice & Behavior, «I Need a Father – (A Father's Role in Child Custody)», vol. 14, pp. 403-26, 1978, https://www.fathersrightsdallas.com/tag/criminal-justice-behavior/.

[44] Informe de la Asociación Nacional de Directores sobre el Estado de las Escuelas Secundarias, https://www.fathersrightsdallas.com/tag/national-principals-association-report-on-the-state-of-high-schools/.

[45] Rainbows for All God's Children, https://www.suitupministries.org/statistic.

[46] Departamento de Justicia de EE. UU., Informe especial, septiembre 1988, http://www.rochesterareafatherhoodnetwork.org/statistics.

[47] Poblaciones carcelarias del condado de Fulton, Georgia, Departamento Correccional de Texas, 1992, https://www.fathersrightsdallas.com/tag/texas-dept-of-corrections/.

[48] Single Parent Success Foundation, https://www.news-leader.com/story/news/local/ozarks/2012/11/25/statistics-reveal-stark-challenges-for-children-raised-/2893663l/.

[49] Pew Research Center, «U.S. Has World's Highest Rate of Children Living in Single-Parent Households», https://www.pewresearch.org/fact-tank/2019/12/12/u-s-children-more-likely-than-children-in-other-countries-to-live-with-just-one-parent/.

Uno de cada cuatro padres que viven con un hijo en los Estados Unidos hoy en día no está casado. Impulsado por la disminución del matrimonio en general, así como por el aumento de los nacimientos fuera del matrimonio, esto marca un cambio dramático con respecto a hace solo medio siglo, cuando menos de uno de cada diez padres que vivían con sus hijos no estaba casado (7 %).

En el mismo sentido, el perfil de los padres solteros ha cambiado de forma notable. Según un nuevo análisis del Pew Research Center sobre los datos de la Oficina del Censo, se concluyó lo siguiente:

1. Las madres solas, aquellas que están criando al menos a un hijo sin cónyuge o pareja en el hogar, ya no dominan las filas de los padres solteros como lo hicieron alguna vez. El 88 % de los padres solteros caían en esta categoría en 1968. Esa proporción se había reducido al 68 % para 1997. La proporción de padres solteros que eran madres solas se redujo al 53 % en 2017. Estas disminuciones en las madres solas se han compensado por completo con los aumentos en los padres que cohabitan. Ahora el 35 % de todos los padres solteros viven con una pareja.

2. Mientras tanto, la proporción de padres solteros que son padres solos se ha mantenido estable en un 12 %. En total, más de 16 millones de padres estadounidenses sin cónyuge en casa ahora viven con sus hijos menores de 18 años, frente a los 4 millones en 1968 y poco menos de 14 millones en 1997.[50]

Ante tantos datos estremecedores se podría concluir que la mentalidad moderna que rechaza el matrimonio ha llevado a toda

---

[50] Pew Research Center, «The Changing Profile of Unmarried Parents», 25 abril 2018, https://www.pewresearch.org/social-trends/2018/04/25/the-changing-profile-of-unmarried-parents/.

la civilización a su declive y no a su libertad. Sus consecuencias no solo afectan a sus protagonistas directos, es decir, a las mujeres, sino a toda la sociedad.

Las enfermedades sexualmente transmisibles están fuera del control

Con el sexo casual y el aumento de número de parejas entre individuos, otro problema acabó por agravarse: la diseminación de enfermedades sexualmente transmisibles. *Parece que ni siquiera la ciencia moderna fue capaz de competir con la revolución sexual feminista*. David Harvey, director ejecutivo de la Coalición Nacional de Directores de ETS, calificó la situación como «fuera de control», refiriéndose al aumento del 26 % de los casos de sífilis en los Estados Unidos. Su nivel más alto en tres décadas.[51]

De acuerdo con un estudio del Departamento de Salud y Servicios Humanos de los Estados Unidos, hay más de 20 millones de casos nuevos estimados en el país cada año y las tasas siguen en aumento.[52] Más de 1,2 millones de personas en los Estados Unidos viven con el VIH (virus de inmunodeficiencia humana).[53] No sé cuál será tu opinión ante todas estas estadísticas, pero esas condiciones no me suenan como «empoderamiento».

---

[51] *The Guardian*, 19 septiembre 2022, https://www.theguardian.com/society/2022/sep/19/sexually-transmitted-disease-rise-syphilis-us.

[52] Satterwhite, C. L., *et al.* (2013). «Sexually Transmitted Infection among U.S. Women and Men: Prevalence and Incidence Estimates», 2008. *Sexually Transmitted Diseases*, 40(3), 187-193. DOI: 10.1097/OLQ.0b013e318286bb53, https://health.gov/healthypeople/objectives-and-data/browse-objectives/sexually-transmitted-infections#cit2.

[53] Harris, N.S., *et al.* (2019). «Vital Signs: Status of Human Immunodeficiency Virus Testing, Viral Suppression, and HIV Preexposure Prophylaxis—United States», 2013-2018. *Morbidity and Mortality Weekly Report*, 68(48), 1117-1123. DOI: 10.15585/mmwr.mm6848e1, https://health.gov/healthypeople/objectives-and-data/browse-objectives/sexually-transmittedinfections#cit2.

Las mujeres necesitan de tratamientos de fertilidad

Las prioridades de la mujer moderna y feminista giran alrededor de sus estudios, carrera y éxito personal. Tener un hijo no forma parte de sus planes y ciertamente es visto como una terrible inconveniencia. Si consideramos que las mujeres están tardando cada vez más para casarse y tener su primer bebé, no es muy raro escuchar sobre alguna persona conocida que ha gastado ríos de dinero en tratamientos de fertilidad. De hecho, de acuerdo con el Pew Research Center:

> La proporción de personas que dicen haberse sometido a un tratamiento de fertilidad o conocen a alguien que lo ha hecho varía notablemente según la educación y los ingresos. Alrededor de cuatro de cada diez (43 %) de las personas con una licenciatura han tenido alguna exposición al tratamiento de fertilidad, ya sea a través de su propia experiencia o de alguien que conocen, y la proporción aumenta al 56 % entre las personas con un título de posgrado.[54]

Me sorprende sobremanera cómo las mujeres han caído de forma tan ingenua en esta trampa. Han vivido preocupadas por su estatus social, y abdicaron al matrimonio para enfocarse en su desarrollo académico y profesional, pero se olvidaron totalmente de que dentro de ellas habita un reloj biológico natural. Las posibilidades de procrear serán más difíciles con el paso de los años.

Yo pregunto con absoluta sinceridad y considerando la realidad biológica de nuestros cuerpos, ¿no sería más prudente que la mujer eligiera tener sus hijos al comienzo de sus veintes cuando tiene la

---

[54] Pew Research Center, «A Third of U.S. Adults Say They Have Used Fertility Treatments or Know Someone Who Has», 17 julio 2018, https://www.pewresearch.org/fact-tank/2018/07/17/a-third-of-u-s-adults-say-they-have-used-fertility-treatments-or-know-someone-who-has/.

fuerza y el ánimo suficiente para criarlos? Después de algunos años y sacando provecho de su crecimiento e independencia, pudiera entonces enfocarse en su carrera. De esa manera, además de respetar su reloj biológico, también podría llegar a realizar todos sus sueños personales y ahorraría una gran cantidad de dinero que no sería utilizado en tratamientos de fertilidad.

No obstante, la realidad es que una gran mayoría de mujeres no considera lo que acabo de decir. La mujer corre sin descanso para ganarles a los hombres en la competencia por la excelencia laboral, pero cuando vuelve en sí y se da cuenta, su cuerpo está gritando porque desea ser madre. Finalmente, la desinformada mujer moderna acaba por gastar toda la plata que guardó durante años de labor incansable para lograr alcanzar algo que podría haber conseguido gratis muchos años antes.

Las mujeres están tristes, deprimidas y agotadas

¿Cuántas mujeres conoces que pueden decir realmente que no se sienten cansadas? Te doy una sugerencia: pregúntales cómo se sienten, si son plenamente felices o están agotadas al tratar de cumplir con una infinidad de deberes inagotables. El feminismo ha hecho muchas promesas que incluyen la felicidad, la libertad, el empoderamiento y la independencia con los que ahora muchas mujeres sueñan. Sin embargo, los caminos que presentó a la mujer para que pudiera alcanzar esas promesas acabaron por conducirlas a su propia miseria e insatisfacción.

Un estudio del Centro para el Control y la Prevención de Enfermedades de los Estados Unidos observó que durante 2010-2011:

Las mujeres (15,3 %) tenían más probabilidades que los hombres (10,1 %) de sentirse con frecuencia muy cansadas o exhaustas.

Entre los adultos de 18 a 44 años, las mujeres tenían casi el doble de probabilidades que los hombres (15,7 % frente a 8,7 %) de sentirse con frecuencia muy cansadas o exhaustas.[55]

Un estudio realizado en colaboración con *Berlin Cameron, Eve Rodsky's Fair Play* y *Kantar* encuestó a más de 1000 empleados en los Estados Unidos y el Reino Unido. El estudio concluyó diciendo:

Un sorprendente 68 % de las mujeres estadounidenses experimentaron agotamiento en los siete días anteriores. Solo 50 % de los hombres estadounidenses informaron lo mismo.

Las madres que trabajan pueden correr el mayor riesgo de agotamiento. Un análisis separado encontró que las madres que trabajan tienen un 28 % más de probabilidades de experimentar agotamiento que los padres que trabajan.[56]

Ese resultado es bastante obvio, porque a fin de cuentas el feminismo logró que la mujer desease competir en el mismo nivel que los hombres en el mundo laboral, pero ellas jamás fueron capaces de dejar sus responsabilidades en el hogar.

La Fundación Mayo para la Educación y la Investigación Médicas llegó a la siguiente conclusión:

A menudo, las mujeres trabajan fuera de casa y todavía manejan las responsabilidades del hogar. Muchas mujeres

---

55 Encuesta nacional de entrevistas de salud, suplementos de calidad de vida de 2010 y funcionamiento y discapacidad de 2011. Los datos procedían de un subconjunto de adultos seleccionados al azar para el Componente de Muestra de Adultos del cuestionario de la Encuesta Nacional de Entrevistas de Salud. Información adicional disponible en https://www.cdc.gov/mmwr/preview/mmwrhtml/mm6214a5.htm.

56 Kim Elsesser, «Women Are Suffering from an "Exhaustion Gap" According to New Study», *Forbes*, 14 marzo 2022, https://www.forbes.com/sites/kimelsesser/2022/03/14/women-are-suffering-from-an-exhaustion-gap-according-to-new-study/?sh=7d99b03037b3.

se enfrentan a los desafíos de la maternidad soltera, como trabajar en varios empleos para llegar a fin de mes. Además, las mujeres pueden estar cuidando a sus hijos mientras cuidan a familiares enfermos o mayores.[57]

Conclusión

El feminismo no liberó a la mujer, pero la ha hecho esclava de sus propias ambiciones. Dividida entre su orgullo y su naturaleza, está más cercana de la enfermedad que del empoderamiento.

¿Con todas las promesas falsas del feminismo, la mujer realmente llegó a alcanzar la tan prometida felicidad? Absolutamente no. Por el contrario, después del libertinaje sexual, la legalización del divorcio y el aborto, la difusión de la utilización de la píldora anticonceptiva y su salida del hogar al mundo laboral, actualmente la mujer se encuentra realmente triste. Un estudio realizado por Betsey Stevenson y Justin Wolfers concluye lo siguiente:

Las mujeres en los países industrializados se han vuelto menos felices, tanto en términos absolutos como relativos a los hombres. Porque, si bien los derechos y oportunidades de las mujeres han mejorado enormemente, sus responsabilidades domésticas siguen siendo las mismas. Esta doble responsabilidad del hogar y el trabajo supone una carga adicional para muchas mujeres y, al compararse con todos los que las rodean, incluidos los hombres, se dan cuenta de las disparidades.

Según muchas medidas objetivas, la vida de las mujeres en los Estados Unidos ha mejorado en los últimos

---

[57] «Depression in Women: Understanding the Gender Gap», escrito por el personal de la Clínica Mayo, https://www.mayoclinic.org/diseases-conditions/depression/in-depth/depression/art-20047725.

treinta y cinco años, pero mostramos que las medidas de bienestar subjetivo indican que la felicidad de las mujeres ha disminuido tanto en términos absolutos como relativos a los hombres. La paradoja de la disminución del bienestar relativo de las mujeres se encuentra en varios conjuntos de datos y medidas de bienestar subjetivo, y es generalizada en todos los grupos demográficos y países industrializados. Las disminuciones relativas en la felicidad femenina han erosionado una brecha de género en la felicidad, en la que las mujeres en la década de 1970 generalmente informaron un mayor bienestar subjetivo. Estas disminuciones han continuado y está surgiendo una nueva brecha de género, una con un mayor bienestar subjetivo para los hombres».[58]

Espera, ¿cómo puede ser esto? Las feministas han prometido la felicidad y la libertad con todo un manual de instrucciones que incluía el desprecio por los hombres, los niños y el matrimonio monogámico, tradicional e indisoluble. La mujer, a su vez, ha puesto todo el plan en práctica. ¿Qué salió mal?

¡Todo salió mal!

Las feministas nunca desearán verdaderamente la libertad de la mujer, pues una vez liberadas, ¿quiénes serían sus esclavas ideológicas? ¿Quiénes serían la mano de obra esclava para practicar sus perversidades disfrazadas de independencia?

Las mujeres no lograrán su felicidad por un hecho sencillo: cambiaron su naturaleza por la aventura incierta de una felicidad

---

[58] Betsey Stevenson y Justin Wolfers, «The Paradox of Declining Female Happiness», NBER (National Bureau of Economic Research), mayo 2009, https://www.nber.org/papers/w14969.

prometida. Con lo que ellas no contaban es con que ningún individuo logrará ser feliz mientras pelea contra su propia naturaleza.

Mi historia

Mi pasado feminista no es ningún secreto. Soy de una generación nacida en los noventas y que absorbió toda la moda *Riot Girl* (la expresión feminista a través de bandas femeninas de *punk rock*).

Provengo de una familia completamente desestructurada, y perdí mi virginidad a los catorce años después de no soportar más ser víctima de *bullying* en mi propia escuela. Finalmente, yo era la única que todavía no había iniciado su vida sexual.

Mi familia es católica del interior de São Paulo, pero acabé por alejarme de los valores cristianos después de pasar muchísimas horas frente a mi computadora leyendo artículos acerca de cómo supuestamente la iglesia era una institución opresora.

Una cosa es cierta, mucho antes de declararme o siquiera conocer el movimiento feminista, todos aquellos valores que ellas proclamaban ya eran parte de mi vida diaria. Habían sido difundidos por todas las películas, telenovelas, música y malas amistades a las que les prestaba atención.

En muchas ocasiones tuve sexo solamente para sentirme dueña de mí misma. Ni siquiera experimentaba alguna sensación placentera, y muchas veces yo misma me forzaba a ese tipo de situación para demostrarles a mis compañeros que era muy liberal.

Tenía un poco más de veinte años y ya conocía mis más profundos deseos. Era una mujer que había nacido para ser solo de un único hombre. Me gustaba tener relaciones duraderas y largas. Me encantaba la idea de tener una familia, pero, entretanto, mis actitudes eran completamente opuestas a los deseos más profundos de mi corazón.

Eran tantos los deseos de ser aceptada en el grupo de los revolucionarios que peleaba en contra de mi naturaleza, renunciando a la satisfacción de mis anhelos más profundos para satisfacer los deseos de otros. Eso no era empoderamiento, sino total esclavitud.

Fueron muchas las veces en que me acosté con gente sobre la que ni siquiera sabía el nombre, únicamente para no sentirme sola. Era como un acto de prostitución, pero no cambiaba mi cuerpo por dinero, sino que lo cambiaba solo por compañía.

¿Cuál fue el resultado? Un vacío inmenso acompañado por una gran tristeza. Era como un agujero en mi pecho que jamás se cerraba.

¿Cuál fue el diagnóstico? Depresión y trastorno de ansiedad. Yo jamás sería feliz mientras luchara en contra de mi propia naturaleza.

El **EMBRUTECIMIENTO** programado *(DUMBING DOWN)*

UNA VEZ QUE SE HA conseguido generar una sensación de histeria en las mujeres producto de los problemas reales y ficticios, el próximo paso para convertir a una mujer en militante feminista es debilitar su inteligencia. Debilitar la inteligencia de una persona no es una tarea sencilla. La verdad es que se trata de un proceso de largo plazo y con estrategias muy bien desarrolladas de producción en masa.

Los individuos que vienen a formar parte de este proceso sufrirán un lavado cerebral hasta el punto de llegar a desarrollar las cualidades necesarias para la militancia, es decir, la pérdida de los sentidos básicos de interpretación, proporcionalidad y principalmente de lo que es el bien y el mal. En resumen, su sentido de análisis crítico de la realidad será totalmente sustituido por una subordinación ideológica.

El poder de la ideología

Habrás podido notar que utilizo demasiado la palabra «ideología» en esta obra, y como este capítulo trata precisamente de la importancia del lenguaje, considero de suma importancia definir su significado. Sin embargo, antes de plantear una definición, es necesario sacar de nuestras cabezas algunos conceptos errados que a veces utilizamos por razones prácticas, como por ejemplo la idea de que «todos tenemos una ideología» que debemos respetar. Ese concepto está filosóficamente equivocado, pues una ideología no tiene nada que ver con una opinión personal sobre determinado tema o situación.

El filósofo brasileño Olavo de Carvalho define la ideología como «un discurso que esconde, bajo argumentos supuestamente neutrales y racionales, algún interés material».[1] En el caso del comunismo, el feminismo y todos los otros «ismos» que escuchamos diariamente, este interés es el de conquistar la mayor cantidad de territorio posible, perpetuándose así en el poder.

El filósofo chileno Juan Antonio Widow va aún más lejos en lo que dice con respecto no solo a la definición, sino también a su *modus operandi,* al considerar a la ideología como:

> Un sistema cerrado de ideas que se postula como un modelo según el cual ha de reestructurarse toda la vida humana en sociedad. [...] Se lo concibe independientemente de la realidad: no es de ninguna manera la experiencia lo que pueda

---

[1] Olavo de Carvalho, Twitter, https://twitter.com/opropriolavo/status/1109415406643695616?lang=pt.

alimentarlo u obligarlo a rectificar. No está condicionada por la realidad concreta, sino que es esta la que debe ser definida como tal por la ideología. Y una vez establecido el modelo, su objetivo es el de ser aplicado a la vida humana como un molde en el cual está todo comprendido. Es una anticipación de la realidad, un proyecto que define qué y cómo ha de ser esa realidad: por esto, no necesita experiencia, sino solo del poder.[2]

El filósofo enfatiza que la ideología orbita en el campo de las ideas humanas y, por definición, es imposible que sea practicada por completo en la realidad.

Sobre la base de esta definición es posible decir que la izquierda comprendió que para hacer que las personas crean, practiquen y se involucren en una ideología se hace necesario primeramente debilitarles la inteligencia. Así nace el proyecto perverso que John Taylor Gatto denominó «embrutecimiento programado», el cual se podría entender literalmente como una programación en masa para volver idiotas a los seres humanos.

Una educación al servicio de la ideología

Taylor, un profesor norteamericano retirado, tituló así uno de sus libros, en donde desarrolló una teoría pedagógica producto de su experiencia como educador durante treinta años, en los que fue ganador de diversos premios como mejor docente. Él escribió incontables obras en las que critica el sistema actual de educación

---

2 Juan Antonio Widow, citado en *La ideología del género* de Jorge Scala, «La corrupción ideológica del lenguaje en las ciencias prácticas», *Revista Internacional de Filosofía Práctica Circa Humana Philosophia* del Instituto de Estudios Filosóficos Santo Tomás de Aquino, tomo 1 (Buenos Aires, 2003), p. 59, https://juangabrielravasi.files.wordpress.com/2014/08/la-ideologc3ada-del-gc3a9nero-jorge-scala.pdf.

occidental y denuncia las estrategias de ideologización social a través de la escuela.

Sí, lo cierto es que los ideólogos progresistas utilizan los medios de educación, comunicación y entretenimiento para conducir silenciosamente este proyecto de «idiotización» de la sociedad.

Al final de cuentas, la propia revolución sexual y su lucha por trastornar el orden de los roles ha sido responsable de la creación de nuevas generaciones de personas que ya están más interesadas en la toma del poder por las armas. La izquierda tomó nota de ese cambio y rápidamente se dio cuenta de que, para llegar a este nuevo público, era necesaria una nueva estrategia. El comunismo continuaría siendo el mismo, pero ahora asumiría un nuevo disfraz. Las quejas tradicionales de las opresiones en contra de los trabajadores serían sustituidas por las pautas identitarias: feminismo, gaysismo, segregacionismo racial, etc. Se dio lugar a lo que se ha denominado marxismo cultural.

Cristián Rodrigo Iturralde es un intelectual argentino que ha afirmado que el húngaro Georg Lukács habría sido el precursor de la idea al incluir, por ejemplo, a la «educación sexual» como disciplina obligatoria en todas las instituciones de enseñanza.[3] No existe una mejor manera de incitar a la revolución sexual feminista que a través de la orientación de una figura de autoridad como, por ejemplo, el maestro. Iturralde lo explica de la siguiente manera:

> El filósofo húngaro fue considerado por muchos teóricos marxistas como el más brillante después del propio Karl Marx y fue el primero en intuir la importancia decisiva de la cultura para lograr imponer la dictadura del proletariado,

---

[3] Cristián Rodrigo Iturralde, *A escola de Frankfurt e o início da nova esquerda* (Río de Janeiro, Editorial Vide, 2022), pp. 187-188 [*El inicio de la nueva izquierda y de la Escuela de Frankfurt* (Buenos Aires: Grupo Unión, 2021)].

lo cual queda patente en el prólogo de su *Teoría de la novela* (1919), donde se pregunta: «¿Quién nos salvará de la cultura occidental?».[4]

Una educación ideologizada se apropia de la cultura

Sin poder desvincularse por completo del comunismo institucional y de su vicio economicista, Lukács no tardó en señalar el papel «alienante» de la familia y la moral cristiana, siendo el primero en lanzar una violenta ofensiva contra ellas. Este filósofo marxista centró su atención especialmente en los niños y adolescentes, ya que serían los «hombres nuevos» de la sociedad sin clases.

El plan de ejercer el dominio bajo la apropiación de la cultura es reafirmado por uno de sus principales ideólogos, Antonio Gramsci, el escritor y también fundador del partido comunista en Italia, cuando dijo:

El socialismo es precisamente la religión que debe aplastar al cristianismo [...] en el nuevo orden, el socialismo triunfará capturando primero la cultura a través de la infiltración de escuelas, universidades, iglesias y medios de comunicación, transformando la conciencia de la sociedad.[5]

Olavo de Carvalho escribe también lo siguiente sobre el marxismo cultural:

---

[4] *Ibíd.*

[5] Citado en Damien Tudehope, «What's Left of Western Culture? Just about Everything», *The Spectator*, 9 octubre 2017, https://tinyurl.com/y4jdlbhg.

Llamaron (los adeptos de la escuela de Frankfurt) a su filosofía «teoría crítica», porque se abstuvo de proponer remedio alguno para los males del mundo y solo buscaba destruir: destruir la cultura, destruir la confianza entre las personas y los grupos, destruir la fe religiosa, destruir el lenguaje, destruir la capacidad lógica, para extender por todas partes una atmósfera de sospecha, confusión y odio. [...]

El aporte local estadounidense fue la invención de la dictadura lingüística de la «corrección política».

En unas pocas décadas, el marxismo cultural se había convertido en la influencia predominante en las universidades, los medios, el mundo del espectáculo y las publicaciones occidentales. Sus macabros dogmas, sin la etiqueta de «marxismo», son aceptados imbécilmente como valores culturales supraideológicos por las clases empresariales y eclesiásticas cuya destrucción es su único e ineludible objetivo.[6]

Hablando primeramente sobre la escuela y su función estratégica en este proceso de embrutecimiento, es imprescindible explicar que yo como escritora no me opongo a la institución de enseñanza como tal, pero sí a los supuestos métodos pedagógicos (o en este sentido, antipedagógicos) utilizados y aplicados con los alumnos.

Creo que podemos estar de acuerdo en que la educación actual nada tiene que ver con la educación clásica, cuyo objetivo era conducir a hombres y mujeres a la verdad. La educación que recibimos hoy está totalmente desprovista de cualquier intención trascendente y se enfoca solamente en una perspectiva utilitarista del ser humano. Cuando no lleva al alumno a servir como una máquina

---

[6] Olavo de Carvalho, «Do marxismo cultural», *O Globo*, 8 junio 2002, https://olavodecarvalho.org/do-marxismo-cultural/.

laboral en el mercado de trabajo, lo utiliza como una herramienta ideológica. Esto se debe a que las escuelas son hoy una extensión del poder del Estado. Claro, si tuviéramos políticos virtuosos, esa realidad se reflejaría ciertamente en la educación. Pero es lamentable que los malos gobernantes al servicio de ciertos ideólogos terminaran por convertir las escuelas en unidades de producción de militantes.

La educación ideologizada como mecanismo de ingeniería social

Una vez que la escuela ha caído bajo el dominio de los malos ideólogos, estos promovieron los cambios y adaptaciones necesarias que permitirían transformarla en un medio de difusión de ideas revolucionarias. John Taylor Gatto ha llegado a decir que «las escuelas enseñan exactamente lo que pretenden, y lo hacen muy bien: son un mecanismo de ingeniería social».[7]

Se hace necesario promover una competencia entre la institución académica y la familia para poder mantener el control absoluto del alumnado. Así nace la idea de la escolaridad obligatoria e integral. Una vez que los padres se dedican al trabajo fuera del hogar, los hijos deben permanecer en la escuela y bajo el control de agentes estatales debidamente entrenados, es decir, los maestros. La verdad es que actualmente los niños y jóvenes pasan más tiempo con un profesor en el salón de clase que con sus padres en su hogar. No podemos dejar de pensar que eso se hace a propósito.

Alexandra Kollontai, feminista rusa destacada durante la Revolución bolchevique, evidencia esto en su obra *El comunismo y la familia*:

---

[7] John Taylor Gatto, *Emburrecimento programado* (Brasilia: Editorial Kírion, 2017), contraportada, [*Dumbing Us Down: The Hidden Curriculum of Compulsory Schooling* (Gabriola, BC, Canadá: New Society Publishers, 2017)].

¿Qué quedará de la familia cuando hayan desaparecido estos quehaceres del trabajo casero individual? Todavía tendremos que luchar con el problema de los *hijos*. Pero en lo que se refiere a esta cuestión, el Estado de los Trabajadores acudirá en auxilio de la familia, sustituyéndola; gradualmente, la Sociedad se hará cargo de todas aquellas obligaciones que antes recaían sobre los padres.[8]

La feminista Kate Millet terminó revelando el plan macabro de la élite intelectual progresista en dos únicas líneas de su obra titulada *Política sexual*:

La organización colectiva (y la subsiguiente mejora) del cuidado de los niños socavaría todavía más la estructura familiar y respaldaría la liberación de la mujer.[9]

Millet fue muy clara en cuanto a la estrategia de separar a los padres y madres de sus hijos. Los niños, aun con muchos espacios morales por ser llenados, acabarán por recibir más influencia de sus profesores que de su propia familia. Además, es importante darse cuenta de que, en ningún momento, las feministas se preocupan por la vida intelectual de los alumnos, porque al final de cuentas eso no les importa. El verdadero objetivo no tiene nada que ver con su desarrollo académico, sino al revés, el propósito es hacerlos débiles de mente para apoderarse de su actos y voluntades.

En su discurso de aceptación del premio como el profesor del año de Nueva York titulado «¿Por qué las escuelas no educan?», Taylor Gatto dijo:

---

[8] Alexandra Kollontai, *El comunismo y la familia* (Barcelona: Editorial Marxista, 1937), p. 17, https://www.marxists.org/espanol/kollontai/1918/001.htm.

[9] Kate Millett, *Política sexual* (Madrid, Ediciones Cátedra, 1995), p. 129, https://feminismosaprendem.files.wordpress.com/2017/02/millett-kate-politica-sexual.pdf.

Las escuelas fueron diseñadas [...] para ser instrumentos de la dirección científica de las masas. Las escuelas están diseñadas para producir, a través de la aplicación de fórmulas, seres humanos estandarizados cuyo comportamiento pueda ser predecible y controlado. [...]

La escuela debe incluir a la familia como motor principal de la educación. Si usamos la escolarización para separar a los niños de los padres, y no nos engañemos, esa fue la principal función de las escuelas [...], vamos a continuar con el espectáculo de terror que tenemos ahora.[10]

La educación ideologizada y el esquema global de lavado cerebral

Creo que es necesario señalar que no me refiero a que todos los profesores sean progresistas o estén involucrados en este plan. Es muy probable que muchos de ellos ni siquiera se hayan dado cuenta de esa realidad. Sin embargo, hay muchos que sufrieron el mismo lavado cerebral y ahora lo repiten en sus alumnos. Es innegable que muchos forman parte de este esquema ideológico y están cambiando la educación por el adoctrinamiento. Es tan grande la cobardía de esa clase de personas, que se aprovechan de su supuesta autoridad y del respeto de sus alumnos para adoctrinar en vez de enseñar. El escritor Georges Gusdorf tiene toda la razón cuando afirma con respecto al profesorado:

Investido de una soberanía que lo convierte en una especie de divinidad [...] está frente al estudiante, como el escultor

---

[10] John Taylor Gatto, «¿Por qué la escuela no educa?», Discurso de aceptación para el maestro del año en Nueva York, enero 1990, https://www.elblogalternativo.com/2009/08/21/por-que-la-escuela-no-educa-discurso.

de La Fontaine frente al bloque de mármol: de él depende si es dios, mesa o jarrón.[11]

Más allá de la intención del profesor, la ley los obliga a enseñar lo que está en sus programas nacionales de educación, los cuales han sido elaborados por el gobierno vigente respectivo que recibe, en gran parte, directrices de entidades internacionales, como por ejemplo la UNESCO.[12] Estas instituciones establecerán la aplicación de una agenda progresista revestida de «enseñanza de los derechos humanos», «responsabilidad social», «desarrollo sustentable», «combate a la violencia de género» y muchas otras más.

Pascal Bernardin, intelectual francés, denuncia un esquema global de lavado cerebral organizado por los organismos internacionales y aplicado en todas las escuelas de Occidente en una espectacular obra titulada *Maquiavel pedagogo*:

Una revolución pedagógica basada en los resultados de la investigación psicopedagógica está en marcha en todo el mundo. Está dirigida por especialistas en ciencias de la educación quienes, formados por medios revolucionarios, pronto dominaron los departamentos de educación de varias instituciones internacionales: Unesco, Consejo de Europa, Comisión de Bruselas y OCDE. [...] Mediante un cambio de valores, una modificación de actitudes y comportamientos, así como una manipulación de la cultura, se pretende realizar la revolución psicológica y, posteriormente, la revolución social.

Se ha redefinido el papel de la escuela y su misión principal ya no consiste en la formación intelectual, sino en la

---

[11] Georges Gusdorf, *A universidade em questão* (Brasilia: Editorial Kírion, 2021), pp. 39, 44.
[12] UNESCO: Organización de las Naciones Unidas para la Educación, la Ciencia y la Cultura (siglas en inglés).

formación social de los niños, ya que no se pretende pro-
porcionarles herramientas para la autonomía intelectual,
sino que se quiere imponerles subrepticiamente valores,
actitudes y comportamientos a través de técnicas de manipulación psicológica.

La revolución psicológica se transmite, inicialmente,
por el sistema educativo. [...] Por otra parte, la subversión
del sistema educativo no involucra solo a los primeros, sino
a toda la población, incluidos los adultos. La reforma psicológica y el lavado de cerebro a escala mundial no podían
dejar a nadie indemne.

Los elementos esenciales de la revolución psicopedagógica son la revolución ética y la revolución cultural
en la cosmovisión de los docentes, la «innovación» pedagógica que introduce técnicas de lavado de cerebro en
las escuelas.[13]

La educación ideologizada usa medios
más allá del salón de clases

No obstante, no solo las escuelas son las únicas instituciones
que participan de esta revolución. También están involucrados todos
los medios de distribución de conocimiento y cultura: los periódicos,
los programas televisivos, las propagandas de productos y servicios,
las películas, las telenovelas, toda la industria fonográfica en lo que
abarca tanto la producción musical como el desarrollo de videoclips,
el diseño de la moda y la confección del vestuario, en fin, todo lo que
pueda comunicar un mensaje.

---

[13] Pascal Bernardin, *Maquiavel pedagogo* (São Paulo: Editorial Ecclesiae, 2013), Introducción y
Conclusión, https://archive.org/details/maquiavel-pedagogo-pascal-bernardin/mode/1up.

Esos mismos alumnos que no pasan el día recibiendo una enseñanza integral no necesariamente van a pasar tiempo con sus familiares. La realidad occidental fue tragada para hacer surgir un dilema y las feministas parecen estar llevando la ventaja: las mujeres ya dejaron el hogar y ahora están empoderadísimas obedeciendo a sus patrones. ¿Bajo la supervisión de quién se quedaron los hijos? ¿Quién los cuida? ¿Quién les enseña sobre virtudes, valores y moralidad? ¿Quién los inspira e influencia? ¿Quién les hace compañía?

John Taylor Gatto responde a esas preguntas:

Dos instituciones controlan el día de hoy la vida de nuestros hijos: la televisión y la escuela, por este orden. Ambas reducen el mundo real de sabiduría, fortaleza, templanza y justicia hacia una abstracción sin final y sin frenos. [...] En los siglos pasados los niños y adolescentes estaban ocupados en trabajo real, caridad real, aventuras reales, y en la búsqueda real de maestros que pudieran enseñarnos lo que realmente queríamos aprender. Mucho tiempo se pasaba en desempeños comunitarios, practicando el afecto mutuo, el entendimiento y estudiando cada nivel de la comunidad, aprendiendo cómo hacer una casa, y docenas de otras tareas necesarias para convertirse en un hombre o una mujer íntegros.[14]

Tenemos que reconocer que Gatto escribió esto en 1991, cuando la gran mayoría de los jóvenes occidentales ni siquiera tenía acceso a internet. ¿Cómo respondería Gatto a un mundo donde algunas mujeres quedan embarazadas durante una relación casual, se vuelven madres solteras, y para poder trabajar y realizar las tareas domésticas dejan a su hijo entretenido por un aparato electrónico que le

---

[14] John Taylor Gatto, *Dumbing Us Down: The Hidden Curriculum of Compulsory Schooling* (Gabriola, BC, Canadá: New Society Publishers, 2005), p. 25.

puede enseñar con la velocidad de un clic tanto un dibujo animado como un video pornográfico?

La educación ideologizada y su impacto semántico

La revolución no es simplemente pedagógica a través de estos mecanismos. Ahora también es semántica, es decir, trabaja directamente con el significado de las cosas. Esto se debe a que, primeramente, se hace imposible crear una ideología sin conocer tu propio idioma, y créanme que los progresistas lo conocen muy bien.

Para dominar el mundo o por lo menos dominar el entendimiento de las personas, primero es necesario aprender a hablar, leer, escribir, expresarse, y no menos importante es aprender a convencer. En resumen, es necesario aprender a dominar el idioma en sí mismo y por completo. A fin de cuentas, esta es la principal herramienta de comunicación entre los seres humanos, siendo imposible difundir una idea sin comunicarse propiamente para ese fin. Justamente, Kate Millet escribió: «Es muy posible que una obra literaria funcione como una máquina de guerra en su época».[15]

Esa es exactamente la razón por la que en este libro he trabajado mucho con las definiciones de palabras, términos y expresiones. El propósito no es solo hacerlos más entendibles, sino llamarte a que los memorices, además de desarrollar el hábito de trabajar siempre con la máxima interpretación posible del idioma en todo lo que hagas. Créeme, esto facilitará tu vida personal, tu trabajo y tus emprendimientos.

Entonces, para empezar, permítanme asignar los significados correctos a los términos más importantes que estaremos utilizando a partir de ahora: comunicación, lenguaje y semántica.

---

[15] Kate Millett, *A política sexual*, Gisela da Conceição y Manuela Torres, trad. (Lisboa: Publicações Dom Quixote, 1969, 1970), p. 10.

La comunicación es la acción de transmitir algo, generalmente un mensaje. Es importante notar que la comunicación es bidireccional y, por lo general, también transmite o envía algo y luego tiene una respuesta. Esta respuesta se dirigirá a los padres, los amigos o compañeros de estudio o trabajo, su propio cuerpo, su cerebro y la manera en que observe a la sociedad y su propia identidad. Algo se puede comunicar de diferentes formas, por ejemplo, a través de símbolos, signos, la expresión facial y corporal, palabras o dibujos. Generalmente, para que se denomine comunicación tiene que haber un intercambio entre al menos dos partes que se responden entre sí. La comunicación es parte del lenguaje.

¿Cuáles son los principales medios de comunicación para las nuevas generaciones además de la escuela? *Youtube, Tiktok, Netflix, Instagram* y todas las demás redes sociales o servicios de *streaming*. El mensaje que los jóvenes reciben por esos medios comunicacionales ha sido cuidadosamente planificado por los ideólogos detrás de la pantalla. Esto puede permanecer oculto, pero según Carvalho: «Gramsci exige que toda actividad cultural y científica se reduzca a mera propaganda política, más o menos disfrazada».[16]

Para poder comunicarse es necesario utilizar el lenguaje correcto. El lenguaje es un medio de comunicación. En otras palabras, hay fines y medios, por lo que la comunicación sería el fin y el lenguaje sería el medio que usamos para comunicarnos.

El político y filósofo inglés Roger Scruton reconoció el poder del uso del lenguaje dentro del movimiento comunista para generar conflicto e impedir, justamente, el diálogo que facilitaría la convivencia y, por el contrario, exacerbar las diferencias y generar el caos. Él lo explica de la siguiente manera:

---

[16] Olavo de Carvalho, *A Nova era e a Revolução cultural* (Río de Janeiro: Editorial Vida, 2014), p. 66.

Desde sus primeros días, el movimiento comunista luchó con el lenguaje y disfrutó de las teorías marxistas en parte porque proporcionaban etiquetas convenientes para etiquetar a amigos y enemigos y dramatizar el conflicto entre ellos. Y este hábito resultó ser contagioso, de modo que todos los movimientos izquierdistas posteriores se vieron contaminados hasta cierto punto por él. De hecho, la transformación del lenguaje político ha sido el principal legado de la izquierda.

El éxito de estas etiquetas en marginar y condenar a los opositores fortaleció la convicción comunista de que era posible cambiar la realidad cambiando las palabras.

Su lenguaje totalitario no allana el camino para la negociación y, en cambio, divide a los seres humanos en grupos de inocentes y culpables.[17]

Esta guerra cultural está directamente relacionada con la destrucción de nuestro idioma. De hecho, el lenguaje es nuestro idioma y allí es donde la comunicación se entrega a través de símbolos y fonemas específicos, que fueron acuñados según la cultura a la que pertenecemos y hemos venido usando, ya sea porque lo elegimos o porque lo sistematizamos a lo largo de la historia.

En 1990, la filósofa feminista Judith Butler dedicó un capítulo entero de su libro *El género en disputa* solamente al tema del lenguaje. De acuerdo con ella, el lenguaje llega a ser un instrumento del control del comportamiento humano y de las normas sociales, además de ser capaz de modelar la realidad. Por lo tanto, a fin de subvertir estos factores, el ideal sería primero cambiar el orden establecido y remodelar el lenguaje, obteniendo así «nuevos comportamientos», «nuevas normas sociales» y logrando una nueva realidad. Butler llegó a decir:

---

[17] Roger Scruton, *Tolos, fraudes e militantes* (Río de Janeiro: Editorial Record, 2018), pp. 20, 21, 27 [*Locos, impostores y agitadores* (Santiago de Chile: Fundación para el Progreso, 2019)].

El lenguaje es el regulador legal de las normas de conducta de los seres en sociedad. Es el lenguaje patriarcal el que, con sus estructuras heteronormativas y patriarcales, separa las relaciones sexuales libres, oponiéndose a prácticas como el incesto, por ejemplo.[18]

Sí, lo leíste bien. Judith Butler, una de las más grandes exponentes del feminismo y mamá (¿o papá?, ¿quién sabe?) de la ideología de género es una defensora abierta del incesto, llegando a decir que debería ser libre, pero que el lenguaje estaría reforzando una relación machista, debido a que la raíz etimológica estaría definiendo los roles familiares. Butler continúa su argumento:

> Para la teoría feminista, el desarrollo de un lenguaje que represente de manera adecuada y completa a las mujeres ha sido necesario para promover su visibilidad política.[19]

Habrás podido notar que de nuevo se refiere a la representación política de las mujeres, es decir, su lugar como individuo, ciudadana y ser humano. Me pregunto: ¿quién en su sano juicio se opondría a esto? ¿Puedes observar en esta misma frase cómo el lenguaje fue utilizado con fines subversivos? Además de todo lo anterior, Butler consiguió algo que es cierto al descubrir cómo los seres humanos aprenden su idioma. «Los regímenes de poder del heterosexismo y el falogocentrismo», mediante la imposición del lenguaje y la técnica de la repetición, crearon «un mecanismo de la reproducción cultural de las identidades» y, para subvertir esta dinámica, basta utilizar la misma técnica con los términos resignificados.[20]

---

[18] Judith Butler, *Problemas de gênero: feminismo e subversão da identidade,* 8ª ed. (Rio de Janeiro: Editorial Civilização Brasileira, 2015), p. 61.

[19] *Ibíd.,* p. 46.

[20] *Ibíd.,* p. 96.

¿Cómo aprendemos a hablar? ¿Estudiando gramática? Eso es imposible, ya que es sumamente evidente que empezamos a hablar y a comunicarnos muchísimo antes de ir a la escuela. La ideóloga feminista nos regala la respuesta, porque ella nos dice que es a través del método de la repetición. ¿Cómo aprende un bebé que un biberón se llama así? No es porque su madre le explica que la palabra viene del latín *bibere*, que se traduce como «beber», y que en el siglo XIX se convirtió en «biberón» para referirse a una botella con un aditamento de goma en su boca, la cual les facilita beber a los pequeños que todavía no pueden hacerlo en un vaso o una taza. Ningún ser humano aprende de esa manera.

Ahora, te invito a pensar conmigo. ¿Cuántas veces una mamá va a traer el biberón mientras le dice a su bebé: «Hijo mío, no llores, aquí está tu biberón»? La repetición del sonido de la palabra y la conexión visual con el objeto permite que el bebé pueda memorizar tanto el objeto mismo como su razón de uso. Es así que aprendemos nuestro nombre, las palabras o un nuevo idioma: por el método de la repetición. Por eso Butler concluye diciendo que «solo puede ser posible una subversión de la identidad en el seno de la práctica de la significación repetitiva».[21]

La guerra cultural es semántica para alcanzar el embrutecimiento

En el caso de la guerra cultural, para ganar la batalla semántica es necesario introducir un nuevo vocabulario, nuevos términos, nuevas tendencias de comportamiento, reforzándolas repetidamente a través de los medios educativos y de entretenimiento. De una manera fácil y práctica, la semántica es el estudio del significado de las cosas,

---

[21] *Ibíd.*, p. 282.

su significación e interpretación. Es cómo y por qué designamos un nombre a una palabra.

Defino la guerra como una disputa entre dos o más agentes por la conquista de un territorio que no necesariamente es físico, sino que puede ser cultural, político o económico. Además de los medios para realizar la guerra, las armas utilizadas para esta conquista no necesitan ser necesariamente bélicas, sino que deben servir para que estén exactamente de acuerdo con las características del territorio que se quiere conquistar. Un territorio geográfico enfrentará una guerra con armas de fuego o inteligencia, incluso una guerra económica. Sin embargo, para una guerra cultural se utilizan armas culturales, políticas y subversivas.

Es fundamental comprender que la guerra es solo un medio para tomar el poder, no el fin del ejercicio del poder en sí. Un medio no es el fin, la guerra es una herramienta, un instrumento, una estrategia, pero no es y nunca podrá ser el objetivo último deseado por estos agentes. El fin es el ejercicio y el mantenimiento del poder sobre un territorio conquistado. La guerra es solo una forma de llegar a cumplir ese objetivo.

Por lo tanto, estaremos cometiendo un grave error en nuestra comunicación cada vez que digamos que «el objetivo de la guerra cultural es la destrucción de la familia, que es la base de la sociedad». La guerra cultural es una estrategia; la destrucción de la familia es un arma; las consecuencias de las familias destruidas generarán un camino más fácil para que los agentes conquisten el territorio deseado.

¿Cuál es el territorio? No lo sabemos. Cada caso es diferente y dentro del análisis político debes considerar los intereses de los agentes que quieren conquistar algún territorio. Pero si nos quedamos estupefactos, si no podemos interpretar, memorizar, reproducir o convencer a alguien de nuestras ideas, si también sentimos que pasamos por el «proceso de embrutecimiento», ¿cómo podemos trazar una estrategia para entrar en guerra?

El objetivo de la guerra semántica es desmoralizar al oponente hasta el punto de dejarlo sin los medios de comunicación para que ni siquiera tenga la oportunidad de alcanzar los medios de acción. Una definición concluyente de la guerra semántica es el uso de una estrategia o herramienta que emplea el lenguaje para comunicar cosas incorrectas. Si la semántica es el estudio de los significados de las cosas, entonces la guerra semántica es el arma que usa la comunicación, el idioma y el lenguaje de manera subvertida para comunicar algo que está mal.

Además, como técnica silenciosa y cínica, esa revolución cultural (donde integran la revolución pedagógica y la guerra semántica) acaba por brindarle al individuo la sensación de que es inteligente, libre y está comprometido con una causa social. El filósofo Olavo de Carvalho denominó a este tipo de individuos como «idiotas útiles».

Como el arte de rastrear el origen de los propios pensamientos es un asunto de unos pocos, la mayoría cree que sus opiniones son libres, por el simple hecho de no saber de dónde proceden. El idiota útil, por definición, es demasiado estúpido para saber que es útil y quién lo usa. Cada uno imagina que juzga desde las alturas de una autonomía de pensamiento superior precisamente cuando repite los clichés más vulgares y gastados.[22]

Eso es precisamente lo que resulta necesario para empezar a fabricar una feminista: volverla una «idiota» útil. Quitarle la capacidad de pensar por sí misma y meterle en su cabeza un engranaje ideológico que será el motor y el conductor de todas sus acciones.

---

[22] Olavo de Carvalho, https://olavodecarvalhofb.wordpress.com/2018/01/19/o-idiota-util/.

La caída fatal de los índices de educación en Brasil, por ejemplo, es tremenda:

De acuerdo con un instituto brasileño de investigación para la alfabetización, cerca del 29 % de la población brasileña está compuesta por lo que llamamos «analfabetismo funcional».[23]

El analfabetismo funcional es la incapacidad que demuestra una persona cuando no comprende textos sencillos. Estas personas, incluso capaces de decodificar mínimamente letras, generalmente oraciones, textos breves y números, no desarrollan la capacidad para interpretar textos y realizar operaciones matemáticas. También se define como analfabeto funcional al individuo mayor de quince años con menos de cuatro años de escolaridad.[24]

Es muy triste decirlo, pero parece que el plan se ha hecho realidad. Estamos envueltos en lo que Carvalho denominó el «imbécil colectivo». Me refiero a una masa homogénea de zombis que están más o menos muertos. El cuerpo está presente, pero el cerebro ha sido capturado. Una vez destruida (o en muchos casos ni siquiera construida) la capacidad de poner en práctica el dominio del propio idioma, el desarrollo del sentido de proporcionalidad de las cosas y el sentido crítico, ¿cómo esperar que un individuo así sea capaz de comprender el universo abstracto de una ideología que le está siendo impuesta?

---

[23] https://g1.globo.com/sc/santa-catarina/especial-publicitario/prefeitura-municipal-de-jaragua-do-sul/viver-jaragua/noticia/2021/11/12/analfabetismo-funcional-atinge-29percent-da-populacao-brasileira.ghtml.

[24] https://www.significados.com.br/analfabetismo-funcional/.

El resultado: el embrutecimiento de las feministas

Las feministas gritan y no saben lo que están gritando. Protestan sin saber claramente el motivo, marchan sin saber la dirección. Pues yo sí conozco la dirección, porque finalmente ya estuve en ese lugar. Participé en una infinidad de protestas dentro y fuera de mi país, sin siquiera darme cuenta de la razón del reclamo. Estaba movida por un sentimiento abstracto que me hacía creer estar haciendo justicia y ayudando a otras mujeres.

¡Pero qué imbecilidad! (Sí, yo pertenecí al imbécil colectivo). ¿Cómo desnudarme frente a las autoridades o llevar carteles en mis manos podría tener algún impacto en la vida de una mujer en una situación de vulnerabilidad? Hoy esto me parece muy obvio, pero hace exactamente diez años estaba totalmente «embrutecida» y este pensamiento lógico ni siquiera pasaba por mi cabeza.

Alguna vez, durante mi entrenamiento en Ucrania en junio del 2012, me dijeron que Lukashenko estaba viniendo al país para los juegos de la Eurocopa y que yo debería sumarme a la protesta. Nos desnudamos con capuchas negras para satirizar la dictadura de Bielorrusia. La policía ucraniana fue muy violenta y terminamos en la cárcel. Te confesaré algo muy íntimo y de lo que no me enorgullezco. ¿Preparado? No tenía la menor idea de quién era Lukashenko y mucho menos que era presidente. No sabía por qué debíamos odiarlo, ni tampoco sabía que Ucrania tenía frontera con Bielorrusia y que allí había un régimen dictatorial de muchos años.

Básicamente, me desnudé, me expuse a un tremendo peligro, fui a parar a la cárcel y todo lo demás sin siquiera saber el motivo. Yo solo sabía que quería luchar y salvar a las mujeres. Pero ¿cuál es la conexión entre ayudar a las mujeres y mi actitud? Absolutamente ninguna. Sin embargo, yo no me daba cuenta, obedecía órdenes de las mayores y seguía mis estúpidos instintos de joven, que básicamente tenían «sed de adrenalina e irresponsabilidades sin límites». A pesar de que es así exactamente como vimos que Simone de Beauvoir definió la palabra *libertad*.[25]

¿Quieres otra confesión?

Estuve cinco años involucrada en el feminismo. Durante todos estos años no leí ningún libro, ni siquiera libros feministas. Puede que esa sea la razón exacta por la que estaba metida allí. No tenía la más mínima idea en cuanto a de qué se trataba el movimiento y solo creía lo que me llegaba de información por los medios.

Ahora te pido atención para el último secreto: yo era una idiota útil que pensaba ser libre mientras servía a una ideología que me tenía esclavizada. Todas las otras feministas del mundo aún lo son y ni siquiera lo saben.

---

[25] Ver la página 42.

Problemas **FALSOS**, problemas **VERDADEROS** con justificación falsa e histeria colectiva

PRIMERO FUERON CONFUNDIDAS, LUEGO IDIOTIZADAS y terminan engañadas. El tercer paso para transformar a mujeres normales y saludables en militantes feministas radica en engañar sus sentidos básicos para llevarlas a un estado de histeria colectiva.

Los ideólogos progresistas utilizan exactamente la misma estrategia de repetición para lograr un lavado cerebral propagandístico que tiene como objetivo insertar falsos problemas en la mente de las jóvenes que luego de ser embrutecidas llegan a ser presas fáciles. ¿Cuántas veces hemos escuchado, por ejemplo, los mismos eslóganes repetidos por los medios de comunicación y las redes sociales? Por ejemplo:

«Las mujeres ganan menos que los hombres en el mercado de trabajo, eso es machismo».

«Las mujeres están muriendo por los abortos clandestinos, por eso hay que legalizarlo».

Tengo exactamente treinta años al momento de escribir la primera edición de este libro. Te puedo asegurar que he escuchado estas supuestas quejas desde que era muy jovencita. Esto no es inusual, porque ya he mencionado que la repetición sumada a la búsqueda del embrutecimiento crea el ambiente perfecto para que se prolifere una ideología.

Es obvio que cualquier persona mínimamente empática será motivada emocionalmente por estos supuestos problemas. A fin de cuentas, si fueran realmente legítimos, entonces deberían ser combatidos y erradicados para siempre. Sin embargo, el dilema es que tales problemas realmente no existen. Son solo eslóganes mentirosos, pero que la prensa, las películas y algunos pseudointelectuales repiten con fuerza y sin parar. Esa repetición forzada a través de medios múltiples no solo logra penetrar en la cabeza de las jóvenes, sino también en su corazón.

No puedo negar que es hermoso observar a tantas jóvenes buscando comprometerse políticamente con aquello que piensan que va a generar un cambio. Eso me permite identificar las virtudes que anidan en el corazón de una joven feminista. Es evidente que una joven, antes de quedar totalmente «lobotomizada» para ir detrás de un pañuelo verde, siempre cree con sinceridad que su acción puede impedir la muerte de una mujer. Si lo analizamos de esta manera, podemos percibir que la gran mayoría de las feministas que se inicia en el movimiento no lo hace por moda, dinero, fama o poder. Lo hace por «caridad», es decir, por la más hermosa de las virtudes y la que más agrada a Dios.

Es realmente hermoso que las mujeres quieran ayudarse unas a otras. Lo que apena es que sean inducidas a elegir medios completamente errados para lograr sus objetivos. La equivocación es sumamente grave. No solo no ayudarán a nadie, sino que se pondrán en situaciones de riesgo físico y emocional, comprometiendo muy posiblemente sus respectivos futuros.

Los ideólogos feministas se aprovechan del buen corazón, la jovialidad, la vivacidad y el sentido de justicia de estas mujeres, que luego quedan debilitadas y entontecidas por un sistema de instrucción que busca utilizarlas como marionetas que poco a poco traten de implementar una agenda de poder que nada tiene que ver con ayudar a las mujeres vulnerables. En este esquema diseñado cuidadosamente por la élite intelectual progresista, la caridad y la justicia que habitaban el corazón de estas jóvenes se irán transformando en odio y venganza.

Son exactamente estos sentimientos los que identificamos en las miradas y los gritos de las mujeres en una protesta feminista. Lo peor de todo es que los objetivos de sus manifestaciones siempre están equivocados, porque son justamente los que más ayudan y acogen a las mujeres vulnerables alrededor del mundo los que reciben sus mayores improperios, es decir, las instituciones religiosas cristianas. Recuerdo muy bien cómo mis compañeras feministas se referían a los religiosos (cristianos, obviamente), llamándolos fundamentalistas religiosos, fanáticos fascistas, diseminadores de odio, antiderechos y atribuyéndoles la culpa por todo y por cualquier problema femenino. El esquema de repetición constante hacía despertar una especie de histeria colectiva combativa que buscaba defender a las mujeres y las impulsaba a detenerlos a cualquier costo.

Lo anterior puede explicar el origen de todo el odio, la repulsión y los ataques de las feministas a las iglesias e instituciones cristianas. En sus cabezas vacías de verdades y llenas de tonterías se sienten correctamente posicionadas para salir en defensa de la mujer indefensa y vulnerable, y atacan a todos aquellos que fueron señalados como sus opresores tradicionales.

La repetición del problema falso del aborto

He aquí un gran ejemplo de repetición de un problema falso. Tradicionalmente, el movimiento feminista lucha por el derecho al aborto, dado que sus referentes desde sus primeros días han escrito en favor del control de la natalidad y en contra de la familia tradicional y natural, el matrimonio y la maternidad. Ellas afirman que la historia demuestra que esos elementos impiden, como vimos en los capítulos anteriores, que la mujer llegue a un estado real de felicidad, independencia y poder (ese es el nuevo sentido al cual llaman «empoderamiento»).

Los medios de comunicación con frecuencia transmiten noticias falsas y sensacionalistas en las que anuncian a viva voz que en todas partes centenas de millares y hasta millones de mujeres están supuestamente muriendo por la práctica del aborto clandestino. Por esa razón, este aparente problema se habría convertido en un problema de salud pública, cuya única salida es la legalización de tal procedimiento.

Bueno, empecemos por desmembrar esta mentira con algunas preguntas:

- ¿Cómo es posible poder calcular con exactitud el número de abortos clandestinos dado que, por ser ilegales, no son reportados?

- Dado que el aborto, por definición, encierra la muerte del bebé en el útero materno, ¿cómo sería posible su legalización basada en «un asunto de salud pública»?

- Para que el procedimiento sea realizado es necesaria la muerte de por lo menos uno de los individuos involucrados en el proceso. ¿Qué tiene que ver con la salud pública el asesinato de un bebé en el vientre materno? ¿No sería este proceso exactamente lo contrario a nuestro entendimiento de la salud? Por lo menos, la muerte se define como «el fin de la vida».

Si les prestamos atención a los que dicen que «mueren cientos de miles de mujeres por aborto clandestino en nuestros países», entonces surgen algunas otras preguntas:

- ¿Dónde están los datos?
- ¿Cuáles son las instituciones que realizaron estas investigaciones?
- ¿Cuáles fueron las metodologías utilizadas?
- ¿Quién financió las investigaciones?
- ¿Cuál es el interés de los financistas con estas investigaciones?
- Y la pregunta principal sería: ¿estos datos son reales?

Por ejemplo, en el caso de México, de acuerdo con el Instituto Nacional de Salud Pública, las principales causas de defunciones femeninas en el país se deben principalmente a enfermedades del corazón (22,7 %); diabetes (18,6 %); tumores malignos (14,5 %); enfermedades cerebrovasculares (6,1 %) y enfermedades pulmonares obstructivas crónicas (3,8 %).[1]

---

[1] Gobierno de México, Instituto Nacional de Salud, https://www.insp.mx/avisos/5111-dia-muertos-mexicanos.html.

¿No sería más coherente que las feministas pudieran invertir su tiempo y esfuerzo y concentrar sus protestas en buscar soluciones para estas enfermedades?

Como podemos ver, el aborto no es una prioridad de la salud pública en México, tal como intentan demostrar las feministas. Sin embargo, son tantos los gritos y la alusión al tema en discusiones a nivel legislativo y mediático que, por su repetición, se termina generando un sentimiento de urgencia y desesperación en las personas, principalmente en aquellas que suelen identificarse más con tales problemas, en este caso, obviamente las mujeres.

Como si ya no fuera bastante incitar las mentiras, finalmente se acaba por ocultar la verdad. Se busca tratar el tema del aborto de forma tan liviana que se induce a millones de jóvenes mujeres a ser partidarias de una práctica cuyas repercusiones les son desconocidas. Debido a que las feministas desarrollan una pasión desenfrenada por el tema, lo que consiguen es propagar una técnica que denomino «la deshumanización del bebé».

Por lo tanto, para evitar una mayor desinformación es importante tomar en cuenta lo dicho con absoluta claridad por el renombrado doctor Keith L. Moore:

El desarrollo humano comienza con la fecundación, cuando un espermatozoide se fusiona con un ovocito (óvulo) para formar una célula única que se denomina cigoto. Esta célula totipotencial y altamente especializada indica el comienzo de cada persona como un individuo único. [...] A partir de ahí, este desarrollo celular solamente se va a cerrar durante la muerte.[2]

---

[2] Keith L. Moore, *Embriología clínica* (Barcelona: Elsiever, 2013), p. 13.

Terezinha Ferreira, doctora en enfermería egresada de la Universidad de São Paulo y coordinadora de la Maestría y el Doctorado Interinstitucional en Salud Pública, define el aborto como «la remoción o expulsión de un embrión o feto del útero, resultando en o causada por su muerte».[3]

Sin embargo, las feministas no hablan de esto. Por el contrario, al aborto se le atribuyen juicios de valor altísimo, nombrando a este procedimiento con palabras bonitas y atractivas para cualquier joven: un acto de empoderamiento, independencia y libertad. Tampoco difunden las posibles complicaciones y consecuencias físicas y psicológicas que trae consigo la práctica del aborto. No solo las evitan, sino que ocultan con todas sus fuerzas cualquier información que pueda desmotivar a una mujer a continuar con el procedimiento. Si el feminismo protegiera a la mujer como protege la credibilidad de la supuesta seguridad del procedimiento del aborto, habría en realidad un movimiento que lucha por las mujeres, pero lo que tenemos hoy no es más que una militancia que sostiene un negocio.

No me equivoqué al usar la última palabra, porque realmente se trata de un «negocio». En el negocio del aborto, las feministas son las agentes publicitarias y la mujer vulnerable se convierte en la clienta que piensa que consumirá un servicio que mejorará su vida. Desafortunadamente, no sabe que la idea vendida no tiene nada que ver con empoderamiento y salvación, sino con muerte y condenación. Lo he dicho innumerables veces y lo vuelvo a repetir: a las feministas poco les importa el bienestar de la mujer. Una prueba palpable de eso es el ocultamiento y hasta la mentira en muchas ocasiones con respecto a los males que el aborto puede producir en una mujer.

Un amplio estudio realizado por la SPUC (Sociedad para la Protección del Niño No Nacido, por sus siglas en inglés) del Reino Unido

---

[3] https://www.sciencedaily.com/terms/abortion.htm.

reveló los graves riesgos para la salud física y mental que pueden enfrentar las mujeres que se someten al procedimiento del aborto, llegando a tener una mayor probabilidad de cometer suicidio. La investigación fue dirigida por el Dr. Gregory Pike del Centro de Bioética y Cultura de Adelaide, Australia. Veamos algunos de los datos obtenidos por la encuesta:

- El suicidio es unas seis veces mayor después de que una mujer aborta que después de dar a luz a su bebé.
- Las mujeres tienen más probabilidades de morir después de un aborto en comparación con dar a luz.
- El aborto está asociado con tasas significativamente más altas de muerte para las mujeres hasta diez años después del primer procedimiento en comparación con las mujeres que dan a luz.
- Las mujeres que abortan están expuestas a un «dolor significativo» tres años después del aborto, así como a un 30 % más de riesgo de depresión y un 25 % más de riesgo de aumento de la ansiedad.
- Las mujeres que tuvieron abortos espontáneos experimentaron a menudo un 30 % más de trastornos de salud mental en comparación con las mujeres que no abortaron.
- Las mujeres que han tenido abortos también suelen experimentar depresión, ansiedad y trastorno de estrés postraumático en embarazos posteriores.[4]

Entre las consecuencias físicas, la revista científica *Cancer Causes and Control* [Causas y Control del Cáncer] revela en su número de febrero de 2014 una investigación de la Universidad

---

[4] Gregory Pike, «Abortion and Women's Health», https://stiripentruviata.ro/wp-content/uploads/2017/11/Abortion-and-Womens-Health_April-2017.pdf.

Médica de Tianjin, China, que prueba la asociación entre el aborto inducido y el cáncer de mama.

- El estudio realizado por investigadores chinos concluyó que las mujeres que ya se han realizado un aborto tienen un 44 % más de probabilidades de desarrollar cáncer de mama que aquellas que nunca se han realizado el procedimiento.
- El riesgo crece con el número de abortos realizados. Las mujeres que habían tenido dos abortos tenían un 76 % más de probabilidades de desarrollar la enfermedad y las que ya habían tenido tres abortos eran un 89 % más vulnerables.[5]

Según la Asociación Internacional de la Vida Humana, el aborto puede causar decenas de otras consecuencias físicas como las siguientes:

- Perforación del útero.
- Peligro de lesiones en el intestino, la vejiga o las trompas.
- Pérdida de sangre o sangrado abundante causado por la falta de contracción del músculo uterino. La pérdida de sangre es más intensa si el embarazo está avanzado. Estas pérdidas son de 200 ml en la semana 10 de embarazo, 350 ml en la semana 12, 450 ml en la semana 13.
- Endometritis post-aborto (inflamación, infección uterina secundaria resultante del aborto). Embarazo ectópico (fuera de lugar); posibilidad de extracción endometrial (mucosa uterina); formación de adherencias dentro del útero y, como consecuencia, esterilidad, a menudo ameno-rrea (ausencia de menstruación); posibilidad de placenta

---

5   Huang, Y., Zhang, X., Li, W., *et al.*, *Cancer Causes and Control*, vol. 25, n.º 2, pp. 227-236 (2014), https://doi.org/10.1007/s10552-013-0325-7.

previa en el próximo embarazo, creando la necesidad de cesárea; placenta retenida (el 50 % requiere legrado).

- Coagulopatía; histerectomía (extirpación total del útero); daño causado a las trompas por posible infección post-aborto, provocando infertilidad (en el 18 % de las pacientes).

- Mayor número de complicaciones en las gestantes que habían abortado previamente (67,5 % entre las que abortaron y 13,4 % entre las que no).[6]

También quisiera destacar la necesidad de garantizar el derecho a la información sobre las consecuencias del aborto para futuros embarazos, a fin de garantizar a las mujeres una mejor planificación familiar. Entre las consecuencias se podrían mencionar:

- Nacimientos prematuros, en la semana 20 o 30 del embarazo.
- Insuficiencia del cuello uterino, favoreciendo abortos sucesivos en el primer y segundo trimestre en el caso de futuros embarazos.
- Abortos repetidos en el primer y el segundo trimestre del embarazo.
- Parto difícil, contracciones prolongadas.
- Malformaciones congénitas causadas por una placenta imperfecta.
- Muerte perinatal por prematuridad extrauterina (50 % muere en el primer mes de embarazo).[7]

Finalmente, al considerar las explicaciones de todas las posibles consecuencias del procedimiento del aborto, podemos pensar en dos

---

[6] Human Life International, «The Risks of Abortion», 11 agosto 2021, https://www.hli.org/resources/risks-of-abortion/.

[7] Human Life International, «Can Abortion Make You Infertile», 5 noviembre 2022, https://www.hli.org/resources/can-abortion-cause-infertility/.

posibilidades que explicarían los motivos por los cuales las feministas nunca tocan este asunto. La primera posibilidad es que gozan del beneficio de la duda y por eso pensamos que es posible que ellas no sepan nada sobre lo que puede pasar durante y después de un aborto. A pesar de que se justifiquen aduciendo ignorancia, eso no las absuelve del hecho de poner tantas vidas en riesgo al luchar por algo que no saben realmente qué es, cómo funciona y cuáles son sus consecuencias.

La segunda posibilidad es aún peor que la primera. Si consideramos que conocen los riesgos involucrados en el proceso y todavía insisten en difundir la práctica como «segura», eso solo nos llevaría a tener la certeza de que el movimiento feminista no sirve para proteger a las mujeres, ya que ponen las vidas en peligro, tanto de los bebés dentro del útero como de las mujeres adultas ya nacidas. Esta realidad expone claramente que el feminismo solo se aprovecha del dolor, el sufrimiento y la desesperación de una mujer para utilizarla como un objeto desechable que le permita promover una idea.

Mi propia historia y mi dolor

Esto no es solamente una opinión, sino que yo misma lo viví en carne propia. Tenía veintidós años y no contaba con una familia, mi novio me había abandonado y era conocida por ser la más famosa feminista de Brasil. En ese momento me embaracé. Me acuerdo como si fuera hoy de lo que mis compañeras feministas me dijeron: «Oye, Sara, eres la feminista más famosa de Brasil. Tienes que hacerte un aborto. Además de contribuir mediáticamente con la causa, eso que está en tu barriga no tiene nada que ver con un ser humano. No es un niño, es solamente un coágulo de sangre, una simple bolsita de células».

Mis amigas feministas no solo me dieron uno de los peores consejos de mi vida, sino que también ignoraron por completo todos los libros, investigaciones científicas y publicaciones en el área de embriología clínica.

Estaba desesperada, pero también tengo que admitir que era sumamente egoísta. Llegué a considerar que un bebé no encajaba con mi estilo de vida, que en ese momento estaba lleno de fiestas, alcohol y ninguna preocupación por mi futuro. Hago un paréntesis para señalar que me impresiona cómo a los progresistas en general no les preocupa su propio futuro, pero creen que pueden luchar por el futuro de todos.

Como les acabo de decir, recuerdo haberles pedido un consejo a mis amigas feministas más cercanas y otras líderes mayores. Todas me repitieron lo mismo: «¡Sara, eres la feminista más famosa de Brasil! Necesitas hacerte el aborto. Ser mamá no viene contigo. Tú eres una luchadora, una mujer revolucionaria. Eso que está en tu barriga no es un bebito, una persona, un hijo o un ser humano. Es tan solo un coágulo de sangre, una bolsita simple de células y nada más. No te preocupes. Te vamos a ayudar. Confía en nosotras. Te vamos a ayudar para que te hagas el aborto. Además, ya que eres un referente en el tema, es una oportunidad para exponer al aborto a la opinión pública y ejercer presión política en el congreso y la corte».

Es necesario que haga aquí una aclaración: en Brasil el aborto no está legalizado más allá de las tres causales (riesgo de vida para la madre, violación y deformación grave del feto).

Mis amigas eran mi familia. Ellas iban conmigo a las calles para luchar por los derechos de las mujeres. Me estaban diciendo que me iban a ayudar. ¿Qué podría salir mal?

Bueno, lo que pasa es que el aborto no es un procedimiento natural. La naturaleza mantiene cuatro pilares vitales en orden: nacer, crecer, reproducirse y morir. Romper esta lógica es provocar un hecho antinatural. El aborto inducido es la acción deliberada mediante la cual se le quita violentamente la vida al producto de la reproducción dentro del vientre materno, o sea, al ser humano que se encuentra en etapa de gestación. Por lo tanto, este acto antinatural que iba a realizar no era solo en contra del bebé que habitaba en mi vientre, sino también en contra de mi propio cuerpo. Esto produjo consecuencias muy serias.

En primer lugar, nadie me había informado de forma detallada cómo se realizaba el procedimiento abortivo en términos fisiológicos. Creo que la gran mayoría de las personas que están en favor de este procedimiento ignoran cómo se realiza. Nadie me había dicho que después de tomar las pastillas de misoprostol (el fármaco utilizado para abortos químicos, generalmente hasta el fin del primer trimestre de embarazo) me iban a generar contracciones de parto tan fuertes. Sí, usé las palabras correctas: contracciones de parto. Al igual que yo, cualquier mujer que se someta a un aborto mediante el uso de misoprostol pasará por horas interminables de trabajo de parto.

A fin de cuentas, el misoprostol es un análogo sintético de la prostaglandina, que se había desarrollado para el tratamiento y la prevención de la úlcera gástrica. Más tarde se descubrió su acción abortiva, llamada oxitocítica, ya que la droga estimula el útero al inducir las contracciones y agrandar el cuello uterino».[8]

Las mujeres están ingiriendo una droga que tiene la capacidad de provocar poderosas contracciones uterinas hasta la dilatación del útero, lo que produce una «anticipación del parto». Lo que hace toda mujer que busca el aborto por medio del misoprostol es anticipar el proceso de nacimiento de su hijo, pero en un momento en que el bebé no puede sobrevivir extrauterinamente. Sin embargo, lo obliga

---

[8] Flávia Paula Romoaldo da Silva, Michelle Sousa Ramos y Anette Kelsei Partata, «Misoprostol: Propiedades generales y uso clínico», https://assets.unitpac.com.br/arquivos/Revista/64/3.pdf.

a salir solo para morir. A ese procedimiento le llamamos aborto o, mejor dicho, asesinato premeditado.

La gran mayoría de las mujeres también son víctimas de dos mentiras adicionales: el embrutecimiento programado nos oculta, en primer lugar, que el ser en formación dentro de nosotras es también un ser humano dotado de dignidad y derechos y, en segundo lugar, nos asombra con la idea de que la maternidad nos va a esclavizar y seremos para siempre infelices si la asumimos en nuestra vida.

Después de tantas horas de dolor extremo, recuerdo estar sentada en el inodoro cuando sentí algo grande que salió de mi cuerpo. Sudaba mucho y estaba cubierta de sangre. Pensé que finalmente todo se había acabado, pero cuando decidí finalmente mirar al fondo del inodoro antes de tirar de la cadena, no vi lo que mis amigas feministas me habían dicho. Es decir, no vi un coágulo de sangre y menos una bolsita de células. Lo que vi en el fondo del inodoro era a mi propio hijo o hija. Eso es algo que nunca sabré. Sin embargo, sí tengo certeza de que, cuando tiré de la cadena, se fue también un pedazo de mi corazón.

La experiencia de ver la verdad materializada delante de mis ojos fue demasiado traumática, pero creo que fue una experiencia que me sacudió fuertemente y me puso en el camino hacia el bien.

Me causa mucha tristeza decir que mi historia con el aborto no terminó en ese momento. Yo pensaba que sí, pero por diez días sentí un intenso dolor en mi útero. Recuerdo que me despertaba en medio de la noche y pensaba que me había orinado en la cama. La verdad es que estaba teniendo una hemorragia terrible, hasta el punto de que las extremidades de mis dedos estaban azules y rígidas, casi no las podía doblar. El dolor que sentía era agudo, el olor que salía de mi cuerpo era terrible, como a podrido y a muerte. Me sentía débil y sin vida. Intenté ponerme de pie, pero fue en vano. Ya no tenía más fuerzas y estaba demasiado mareada. Pensaba que pronto iba a morir.

Llamé desesperadamente a todas mis amigas feministas pidiendo socorro. Todas me dijeron que tenía que mantenerme tranquila, porque el aborto había sido seguro. Me aseguraron que pronto vendrían por mí para llevarme al hospital. Sin embargo, permanecí en mi cama por tres largas horas, entre desmayos y despertares. Luego entendí que mis propias amigas, las feministas que juraban luchar por las mujeres, me habían abandonado. Finalmente, nunca llegaron, me abandonaron a mi propia suerte.

Usé mis últimas fuerzas para gritar por ayuda. Un vecino logró derribar mi puerta y me sostuvo en sus brazos. Este vecino me llevó al hospital y se mantuvo a mi lado todo el tiempo. No solo él, sino también su esposa y su hijo mayor.

Fueron muchos los días que pasé en la unidad de cuidados intensivos y recibí muchas transfusiones de sangre. Quisiera contarles cuántas amigas feministas me fueron a visitar, pero en realidad no vino ninguna: un total de cero. También sufrí muchos daños en todo sentido. Puedo decirles que, particularmente, me duele saber que yo también soy parte y siempre lo seré de las estadísticas que les comenté hace un momento.

Tuve una infección gravísima en mi útero producto de los restos de tejidos fetales que estuvieron pudriéndose dentro de mi cuerpo por cerca de diez días sin que yo me diera cuenta, hasta que empecé a podrirme junto con ellos. Gracias a Dios, pude salvar mi vida producto de la intervención amorosa de esa familia. Sin embargo, no puedo decir lo mismo de una de mis trompas de Falopio, que desafortunadamente los médicos no pudieron salvar y tuvo que ser removida.

Esa familia católica de vecinos que me rescató siguió cuidándome por varios meses como si yo fuera su propia hija. Literalmente sentí en mi propia carne lo que es ser utilizada por el feminismo y ser rescatada por el cristianismo.

No obstante, no piensen que mis problemas con el aborto terminaron. Seguí formando parte de las estadísticas dramáticas de los daños que el aborto trae consigo. Pasé seis meses, sí, medio año, peleando internamente conmigo misma. Casi tan pronto como salí del hospital, una voz aterrorizante de un bebé llorando empezó a invadir mi miente. Este bebé lloraba incesantemente en mi cabeza todo el tiempo. No importaba donde estuviera, ese llanto terrible me perseguía.

Nunca se me hubiera ocurrido la idea de que podría sufrir el síndrome post aborto. La verdad es que, en medio de los colectivos feministas, eso no pasaba de ser un mito. Un truco del movimiento provida para convencer a las mujeres de no ser dueñas de su propio cuerpo o destino. Pero el dolor que yo sentía me mostraba lo contrario. Era tan real como cualquier otra enfermedad que hubiera sufrido en mi cuerpo. La diferencia es que se presentaba también en mi corazón. Lo retorcía, lo hacía sangrar hasta que quedaba vacío.

Ya no aguantaba el llanto de un bebé cuando no había bebé. No soportaba las terribles pesadillas que me hacían pasar noches de insomnio. Yo sabía que necesitaba ayuda, pero una vez más, guiada por la total falta de sentido del bien y del mal, recurrí a lo que juzgaba adecuado para mi situación: el alcohol.

Parecía no haber sentido en vivir. Trabajaba para comprar alcohol, emborracharme con el fin de poder dormir tranquila, para luego despertar y poder trabajar. En portugués, al principio de la borrachera se dice: «Me estoy poniendo feliz». Pero yo no me sentía feliz, al revés, era un maldito círculo vicioso que sabía que no terminaría bien.

Tomaba mucho, principalmente por la noche, cuando más escuchaba a ese bebé llorando. Era tal el dolor que sentía que me ponía a llorar junto con él.

Mis pesadillas eran sueños horribles en los que veía pedazos de un bebé que iban cayendo desde dentro de mi cuerpo, mientras yo intentaba con desesperación ponerlos de vuelta con la esperanza de mantener a mi bebé seguro en mi útero. Otras veces me despertaba por la noche con todo el cuerpo paralizado y sintiendo una presencia maligna a mi lado. Era una sensación horrible, como la de ser condenada por haber hecho algo terrible.

En un intento desesperado de no estar sola, empecé a mantener relaciones sexuales con distintos hombres a fin de librarme de la parálisis del sueño. Prácticamente me volví una prostituta, pero la diferencia es que yo no cambiaba mi cuerpo por dinero, sino por compañía. No tengo idea de la cantidad de hombres con los que me relacioné sexualmente durante este período. Era como una enfermedad, una adicción que nada tenía que ver con el acto sexual en sí mismo, pero sí con el hecho de tener a alguien cerca. Sentía pavor al pensar en quedarme sola. Así que terminé, sin percibirlo, volviendo una vez más a ser prostituta. Solo que en esta ocasión yo no buscaba dinero, sino compañía.

Sin embargo, ¿qué mal podría haber? El feminismo me enseñó que el sexo casual me empoderaba, me hacía libre. Fueron muchas las veces en que me acostaba con alguien y me preguntaba anticipadamente: «¿Qué hago aquí?». ¿Cuántos fueron los «no» que me gustaría haber dicho? Pero tampoco quería estar sola.

Incontables fueron las manos que me tocaron. Mientras yo pensaba que estaba utilizando a los hombres para mi propio beneficio, ellos me utilizaban como depósito de material genético. Al final, en ningún momento me sentí libre, al contrario, me sentía sucia, devaluada y descartada.

El dolor en mi corazón era tan terrible que a veces parecía irreal, porque no sabía dónde localizarlo. ¿Cómo una herida invisible podía doler tanto? Estaba tan desesperada por materializar y darle sentido a ese dolor que, en innumerables ocasiones, lastimé mi propio cuerpo lacerando mi piel, buscando descargar el odio, el enojo y el remordimiento que tenía contra mí misma. El sufrimiento en mi alma era tan grande que no lo comprendía por completo. El dolor era afilado como una navaja que me cortaba, pero no había ninguna herida. No tenía sentido. Cada día, la idea de cortarme parecía más razonable, a fin de cuentas, una vez que el dolor del alma ya era insoportable, quizás materializarlo un poco en mi cuerpo podría ayudar de alguna forma.

Con cada cortada, con cada gota de sangre que se escurría, sentía un alivio, una paz engañosa. Parecía que finalmente había encontrado la solución para mi queja. Entretanto, cuando me di cuenta, percibí que los cortes no me libraban de mi sufrimiento, sino solo lo ocultaban al convertirse en una adicción a horribles sesiones de autotortura que me llevaban cada vez más a pensamientos suicidas.

Llegó un punto en donde ya no tenía fuerzas o siquiera las ganas de vivir. Así que empecé a buscar métodos rápidos y efectivos de suicidio.

La verdad es que estaba enferma y no lo sabía. Era una víctima más del síndrome post aborto, una enfermedad que aflige a millones de mujeres que se someten a un aborto y abarca todo un espectro de síntomas como los que estaba experimentando. Sin embargo, cuando buscamos sobre el tema en Google, la gran mayoría de las organizaciones respetadas como la Asociación de Psicología Americana o la Organización de la Salud no reconocen al síndrome post aborto como real, llegando a darle el título de mito. Resulta cómico pensar que esas mismas organizaciones afirman que un hombre biológico puede ser una mujer con solo autopercibirse como tal.

Me vendieron el aborto como empoderamiento, pero el producto real que adquirí fue una experiencia de muerte. En ningún momento me sentí empoderada, independiente o liberada. Fue todo lo contrario, porque me sentí utilizada, deshumanizada y engañada. El aborto no me trajo absolutamente nada bueno, sino mucho daño personal. Es posible que ustedes se pregunten: «¿Pero por qué lo hiciste entonces?».

La propaganda feminista de la falsa libertad

Tengo que confesar que también fui víctima de la propaganda feminista de la falsa libertad. Incluso uno de los motivos para escribir este libro es enfrentar esas mentiras y llevar la verdad al alcance de la mayor cantidad posible de personas.

Una de esas mentiras es la propaganda histérica de que las mujeres deben levantarse a favor del aborto, porque muchas mujeres siguen muriendo en la clandestinidad. Esa es una trampa pura. Yo misma seguí exactamente todas las directrices de la Organización Mundial de la Salud para la realización de abortos seguros y casi me muero. Permítanme darles algunos ejemplos.

«María del Valle González López, una joven argentina de veintitrés años, murió luego de someterse a un aborto legal en un hospital local en abril del 2021. Su muerte fue noticia controversial porque ella misma había sido presidenta de la Juventud Radical (movimiento feminista que había militado en favor del aborto) en el municipio de La Paz en la provincia de Mendoza».[9]

«Deanna Bell tenía trece años cuando murió. Tenía aproximadamente 20,5 semanas de embarazo y había planeado un aborto en una clínica de aborto legal en Chicago, Estados Unidos. De acuerdo con el sitio de la corte del estado

---

9   Walter Sánchez Silva, «Muere joven de 23 años tras someterse a aborto legal en Argentina», ACI Prensa, 12 abril 2021, https://www.aciprensa.com/noticias/muere-joven-de-23-anos-tras-someterse-a-aborto-legal-en-argentina-81848.

de Illinois, Deanna fue víctima de una embolia de líquido amniótico como resultado de mala práctica médica».[10]

Estos son solo un par de ejemplos entre millares de mujeres que mueren por lo que las feministas consideran un «aborto seguro». Me pregunto: si es seguro, ¿por qué siempre alguien tiene que morir y el otro puede sufrir graves daños físicos y psicológicos? ¿Cuántas mujeres más habrán de morir para satisfacer los caprichos feministas? ¿Cuántas mujeres más habrán de morir para sostener a una industria que vive de los abortos?

Aunque el aborto es peligroso y antinatural, un sinnúmero de personas, principalmente mujeres, tienden a apoyarlo luego de que se vuelven esclavas mentales de la técnica de la histeria colectiva, perpetuada constantemente por todas partes. Después de escuchar repetidamente la misma historia con ese sentido de urgencia que los ideólogos le atribuyen, las mujeres se dejan llevar, motivadas primero por un sentimiento de caridad y ayuda al prójimo, sin percibir que lo que piensan no es en realidad la manifestación de su libre pensamiento, sino la caminata por un camino previamente diseñado para que ellas puedan seguirlo. Lo vuelvo a repetir: la mayor herramienta en la guerra ideológica feminista es la mentira. Cuando no la utilizan por completo para engañar a las personas, suelen agarrar una verdad y la destrozan hasta convertirla en una mentira conveniente que las ayuda a continuar controlando el cerebro de las débiles de mente.

---

[10] «Adams v. Family Planning Associates Medical Group, Inc., No. 1-98-2583», 30 junio 2000, https://www.illinoiscourts.gov/Resources/977bcf13-36cb-425f-9415-8efa87ef8ee0/1982583.htm.

| PASO CUATRO |

IDENTIFICACIÓN personal

ES VERDAD QUE MUCHAS VECES las feministas luchan por intereses legítimos. La violencia en contra de la mujer y las violaciones son buenos ejemplos de las lacras a las que ellas se oponen. De acuerdo con el programa de la línea directa de violencia doméstica de los Estados Unidos (*National Domestic Violence Hotline*), una de cada tres mujeres ha experimentado algún tipo de violencia física de una pareja íntima, incluyendo golpes y empujones. Los mismos datos nos dicen que una de cada diez mujeres ha sido violada por una pareja íntima.[1] La RAINN (Red Nacional de Violación, Abuso e Incesto, por sus siglas en inglés) es la organización más grande de

---

[1] https://ncadv.org/STATISTICS.

los Estados Unidos que lucha contra la violencia sexual. La misma ha publicado una serie de datos estadísticos sobre los abusos y violaciones infantiles, tales como:

- Una de cada 9 niñas y uno de cada 53 niños menores de 18 años sufre abuso o agresión sexual a manos de un adulto.
- El 82 % de todas las víctimas menores de 18 años son mujeres.
- Las mujeres de 16 a 19 años tienen cuatro veces más probabilidades que la población general de ser víctimas de violación, intento de violación o agresión sexual.
- En el 88 % de las denuncias de abuso sexual que el Servicio de Protección a los Niños (*Child Protective Service – CPS*) corrobora o encuentra evidencia de respaldo, se señala al perpetrador como un hombre. En el 9 % de los casos son mujeres y el 3 % son desconocidos.[2]

Analizando todos estos datos tendremos la certeza de que tanto el problema de la violencia como el de las violaciones son reales y necesitan de una atención adecuada para ser debidamente combatidos. Sin embargo, que el movimiento feminista diga que lucha contra todo eso no pasa de ser más que una técnica que se aprovecha del dolor y el sufrimiento de un individuo para involucrarlo de manera personal en la lucha. A fin de cuentas, el militante que ha sufrido el dolor en su propia piel se entregará de cuerpo y alma al combate del mal.

Eso es exactamente lo que el feminismo necesita y busca: personas que han sufrido y ahora están llenas de odio, remordimiento

---

[2] RAINN, «Children and Teens: Statistics», https://www.rainn.org/statistics/children-and-teens.

y enojo. Personas dañadas, llenas de un sentimiento de venganza, cuyas heridas son tan grandes que muchas veces ya no sienten miedo por las consecuencias de sus actos. Las personas que han sufrido mucho son los mejores militantes, porque realmente han perdido tanto que ya no les queda nada más que perder.

El feminismo actuará de manera soterrada y cínica y utilizará estos problemas genuinos con dos objetivos. El primero será disfrazarse como un movimiento legítimo que está realmente preocupado por el bienestar de las mujeres y desea pelear por ellas y sus derechos. El segundo es atraer a estas víctimas y hacerles creer que son útiles dentro del movimiento, explotando sus dolores y convirtiéndolas en militantes de la causa a través de la identificación personal con el tema. No es que las feministas estén realmente interesadas en tales infortunios, porque si lo piensas bien, existen enormes fondos públicos y un financiamiento externo destinados a esos temas, puestos al servicio del estado e instituciones internacionales que son apetecibles entre las feministas. Ante tales incentivos, no podemos negar que existe la necesidad de perpetuación de ciertos problemas que nunca terminan de resolverse. Por lo tanto, podría decir que nadie contribuye más a la perpetuación de la violencia en contra de la mujer y la perpetuación de las violaciones que el propio movimiento feminista.

Por ejemplo, cuando el expresidente brasileño Jair Bolsonaro era todavía diputado federal, llegó a presentar un proyecto de ley instituyendo la castración química de violadores y pedófilos. ¿Cuál fue la reacción de la bancada feminista? Votaron en contra.[3]

Lo mismo ha pasado en Argentina, donde las diputadas feministas María Cristina Brítez, Juliana di Tullio, Victoria Donda y Myriam

---

[3] Época Negócios, «Sessão na câmara é marcada por tumulto entre Bolsonaro e militantes feministas», 14 septiembre 2016, https://epocanegocios.globo.com/Brasil/noticia/2016/09/epoca-negocios-sessao-na-camara-e-marcada-por-tumulto-entre-bolsonaro-e-militantes-feministas.html.

Bregman votaron en contra de un proyecto de ley que instituía la prisión efectiva para los violadores.[4]

Además de colaborar con todo el sistema que verdaderamente oprime y abusa de las mujeres, el feminismo, disfrazado de amigo y protector, les ofrece las más falsas soluciones y termina conduciendo a sus militantes a adherirse a los tipos más ridículos de manifestaciones públicas y protestas. De seguro recuerdan el bailecito que se viralizó por toda Latinoamérica y que consistía en una especie de *flashmob* torpe, donde las feministas cantaban y bailaban juntas mientras entonaban con voz fuerte y al unísono el himno «El violador eres tú».

De alguna manera, estas señoritas fueron llevadas a creer que su actitud podría realmente cambiar el mundo de la mujer vulnerable y víctima de violencia. Es evidente que ver un video así de cincuenta mujeres, algunas semidesnudas y otras con carteles, llama mucho la atención, pero eso no cambia el hecho de que mientras ellas vuelven a sus casas a postear una fotito del acontecimiento del día en Instagram, otras mujeres siguen siendo víctimas. Traduzcamos lo obvio: entre la protesta feminista con la *performance* de «Un violador en tu camino» y el hogar de la mujer abusada no hubo conexión alguna y, por lo tanto, el sistema de opresión real continuará existiendo. ¿Te imaginas cuántas vidas reales de víctimas de violencia podrían ser cambiadas si las feministas realmente estuvieran interesadas en servir y obtener cambios reales y significativos entre las mujeres y no solo en protestar y dar grandes declaraciones?

Y si de verdad están interesadas en la vida pública, entonces que se dediquen a presionar a los políticos con el fin de que realmente hagan las provisiones adecuadas para el desarrollo de políticas de fortalecimiento de la seguridad pública, económicas y de derechos

---

4   Real Politik, «Revuelo por diputadas que votaron contra la cárcel para violadores pero están a favor del aborto», 11 junio 2018, https://realpolitik.com.ar/nota/31516/revuelo_por_diputadas_que_votaron_contra_la_cárcel_para_violadores_pero_estan_a_favor_del_aborto/.

humanos que sean tomadas en cuenta y debidamente aplicadas. Eso sí cambiaría el mundo de las mujeres. Servir es ayudar a aquellos que realmente necesitan ayuda y usar todas las fuerzas posibles para que esa ayuda se concrete. Lamentablemente, lo que vemos es que los problemas siguen en aumento a pesar de todo el dinero invertido, la creación de posiciones estatales y toda la promoción que se recibe a través de los medios de comunicación.

Por otro lado, llega a ser ridículo pensar que mostrar los pechos o llenar de pintas un monumento público hará que un agresor o violador cambie de idea. No obstante, lo anterior vuelve a probar mi punto: no es del interés del feminismo que acaben las agresiones y atentados en contra de las mujeres, pues si eso sucediera no habría ningún otro justificativo para mantenerse de pie.

No solo se trata de llamar la atención de la población o las autoridades a través de esos métodos denigrantes. Hay muchas cosas objetivas que sí son útiles y se pueden hacer con orden y decencia. Existen, por ejemplo, instrumentos de comunicación institucional con los gobernantes, como los sindicatos, los colegios profesionales, la actuación de la sociedad civil organizada, el cabildeo y toda acción directa pacífica y legal. Si existe un deseo real de presionar por un cambio, hay cientos de métodos pacíficos y ordenados para generar presión política y social. Me pregunto si los métodos feministas son realmente útiles a la luz de los resultados obtenidos.

Lo que sí vemos es un terrible ciclo de violencia: el feminismo crea el problema a través de la revolución sexual, después toma los frutos de una generación desgraciada por las consecuencias, les venden una falsa solución, e incluso utilizan a la gente como mano de obra esclava para la producción, el desarrollo y la aplicación de una ideología.

Lo cierto es que no hay mejor propaganda que aquella que puede atrapar tu corazón. Yo misma tenía un enojo incontrolable dentro de mi corazón. Podría describirlo como una mezcla de un odio potente por mi enemigo y un amor incondicional por otras víctimas o potenciales víctimas de los mismos delitos que originaron mi sufrimiento. Les contaré algo de mi propia vida a continuación.

Mi propia historia

Nací en una familia de clase media baja en el interior del estado de São Paulo. Fui la última de tres hijos. Durante toda mi niñez y adolescencia fui víctima de violencia por parte de mi hermano del medio. No solo yo, sino también mis padres. Era muy joven todavía cuando entró en el mundo de las drogas y el narcotráfico. Se convirtió en una persona totalmente sádica y violenta. Me acuerdo que llegaba a la casa muy trastornado por el efecto de las drogas y nos pegaba durísimo.

Tenía solo dieciséis años y ya estaba harta de sentirme como rehén de esa violencia que enfrentaba en mi hogar. En cierta ocasión decidí enfrentar corporalmente a mi hermano cuando intentó pegarle a mi padre. Fue obvio que no había sido una buena idea, pues mi hermano sacó un arma que tenía entre su ropa, me agarró por el pelo y metió el arma en mi boca. Me echó de la casa y me amenazó con matarme si volvía.

Así empezó mi historia por el mundo. Mis padres le tenían mucho miedo a mi hermano y por eso me llevaron a vivir temporalmente con parientes, amigos y hasta vecinos. Poco tiempo después, luego de demasiadas humillaciones y malos tratos, decidí que era mejor vivir en la calle que bajo el techo de gente que no me quería. Fue en ese tiempo que una amiga que había conocido por internet me contó que había sucumbido al mundo de la prostitución. Su madre había muerto de cáncer de mama y después de su partida su papá constantemente la violaba. Decidimos juntarnos y cuidarnos mutuamente.

Fuimos a vivir en São Paulo, la capital, la ciudad más grande de todo el continente americano, con más de veintidós millones de personas cuando cuentas todas las áreas metropolitanas. Yo le seguí los pasos a mi amiga y también me enredé en la prostitución. Siempre fui consciente de que lo que estaba haciendo estaba mal. Sin embargo, era eso o morir de hambre, porque en mi país es ilegal contratar menores de dieciocho años para realizar trabajos formales.

Fueron innumerables las veces en que tuve asco de mí misma. Tengo un recuerdo particular de cuando me dejé utilizar por un hombre y después me sentí tan sucia que restregué mi piel con tanta fuerza que sin darme cuenta llegué a lastimarme.

El día 10 de junio de 2010, cuando faltaban solo ocho días para alcanzar la mayoría de edad, un cliente se puso muy agresivo. Gritaba, daba órdenes y me pedía incesantemente que consumiera cocaína, algo que rechacé todas las veces que me lo propuso. Ese hombre era muy fuerte, con apariencia de fisicoculturista, y terminó por agarrarme del cuello y golpearme muchísimo. Luego tomó mi cuerpo a la fuerza y me convirtió en el objeto de su perversidad, monstruosidad y delito. Recuerdo muy bien que cuando terminó y se fue, yo sentía la sangre que descendía caliente por mis piernas. Solo pude mirar a lo alto e implorarle a Dios que tuviera misericordia de mí y me llevara al cielo. Rogaba con las pocas fuerzas que me quedaban para que Dios finalizara lo que ese hombre había comenzado. Sin embargo, no pasó absolutamente nada. Todo el profundo dolor físico y psicológico continuaba igual, y lo peor es que yo seguía en este mundo.

Ese mismo día en que Dios no me permitió morir fue que tomé la decisión de vengarme de Él. Durante toda mi vida había escuchado que Dios era mi Padre, me quería mucho, me cuidaba y que yo tenía que ser una niña buena para que me permitiera entrar al cielo. ¿Pero cómo podría sentir el amor de Dios por mí cuando me encontraba en una situación tan horrenda? Es verdad, yo quería culpar a alguien, pues como víctima jamás podría ser culpada. Entonces decidí culpar a Dios, a la familia como institución y a los hombres.

Lo que estaba viviendo, mis pensamientos y mis terribles circunstancias me estaban convirtiendo, sin darme cuenta, en una posible presa del movimiento feminista. Estaba pasando por todo eso cuando un día, de repente, a través de los medios conocí el movimiento feminista mediante una protesta de Femen. Busqué en Google y leí algunas definiciones que hicieron despejar las lágrimas de mis ojos. El diccionario de la Real Academia Española decía que el feminismo era una «doctrina social favorable a la mujer, a quien concede capacidad y derechos reservados antes a los hombres», así como «un movimiento que exige para las mujeres iguales derechos que para los hombres».[5]

Eso era exactamente lo que necesitaba. Un movimiento de mujeres que entendían el sufrimiento que yo cargaba con tanto dolor. Las veía como compañeras a las que podría unirme para luchar en contra de todos los males que afectan a las mujeres y así no solo vengarme de quien me había hecho mal, sino también proteger y salvaguardar a otras mujeres. Yo estaba en un lugar confuso y obscuro, en una posición de absoluta debilidad. Estaba pisando una línea gris muy tenue entre el bien y el mal. Tenía intenciones buenas en mi corazón, pero estaba utilizando métodos errados que terminaron inculcando en mi mente.

Son innumerables las mujeres feministas que conocí en estos más de diez años de vida pública en los que he visitado más de quince países. Es triste decirlo, pero esas mujeres también habían sido víctimas de violencia y muchas de ellas siguen sufriendo de depresión, ansiedad y otros trastornos emocionales.

---

[5] https://www.rae.es/drae2001/feminismo.

Si el feminismo es tan empoderador, me pregunto: ¿por qué una vez que una mujer se une al movimiento esos hoyos negros del corazón no se cierran? Lo que sucede es completamente lo opuesto. Las feministas nunca ayudan a ninguna mujer a recuperarse física o emocionalmente, pero sí la convierten en una mujer más histérica y paranoica que llega a perder la razón.

El feminismo no ayuda, nunca ayudó y jamás ayudará a las mujeres víctimas de violencia, pues perderían su mano de obra esclava que finalmente les sirve para cumplir con sus objetivos.

| **PASO CINCO** |

INFLUENCIA sobre las **MUJERES**

A VECES NO SOMOS CONSCIENTES de las letras que acompañan a la música popular que escuchan nuestros hijos. Por ejemplo, la canción de Anuel y Bad Bunny, *Hasta que Dios diga*, describe en forma soez y por demás gráfica la intimidad sexual con una mujer que ya tiene pareja. Es una canción que celebra la infidelidad y la vulgaridad.[1] Otro ejemplo es la canción *Envolver* de Anitta, la cual describe con lenguaje demasiado ordinario y denigrante las relaciones sexuales. Resulta sorprendente que el video de esa canción, que muestra a la

---

[1] https://www.musica.com/letras.asp?letra=2514895.

cantante en posiciones explícitas con su pareja, haya llegado a estar en muy corto tiempo entre los más vistos en el mundo en *YouTube*.[2]

En primer lugar, quisiera disculparme contigo por tener que hablar de tamañas obscenidades. Sin embargo, debo aclarar que toda persona que se siente inclinada a la vida intelectual y los estudios de la política y el comportamiento humano en sociedad tendrá que acostumbrarse a analizar ciertos tipos de expresiones culturales de las más bajas posibles.

En realidad, estoy comentando dos canciones famosísimas de reguetón. La primera es de la autoría de los cantantes Anuel AA y Bad Bunny y ya suma más de 350 millones de reproducciones en *YouTube*. La segunda es de la cantante brasileña Anitta y ya cuenta con más de 415 millones de reproducciones en el mismo sitio. Ambas canciones suman un total de casi 800 millones de reproducciones.

Podríamos concluir que las personas, principalmente los jóvenes que tienen acceso a la internet, están realmente interesados en este tipo de contenido. Si seguimos la ley básica de la economía basada en la oferta y la demanda, ¿sería posible comprender un dilema tan antiguo como el del huevo y la gallina? ¿La industria sacaría al mercado un producto de consumo de la industria cultural que sería necesario obligar a la población a tragarlo, o ese producto supuestamente artístico de la industria es solo una reproducción real del comportamiento de la sociedad? Ambas hipótesis son correctas. Lo que no debemos perder de vista es que no se trata de un producto cultural que simplemente debemos aceptar a pesar de su procacidad. Los seres humanos nacen con virtudes y vicios, y ellos mismos deben esforzarse por desarrollar las primeras y deshacerse de las segundas. No podemos simplemente sucumbir a los vicios y dejar que seamos entretenidos por un contenido que nos aleja de las virtudes y nos conecta por

---

[2] https://www.youtube.com/watch?v=hFCjGiawJi4.

completo con los vicios. Lamentablemente, eso está sucediendo en este momento en la sociedad y la cultura contemporáneas.

La militancia izquierdista utiliza los medios de entretenimiento para romper con el orden social, trastocando los principios básicos de la civilización como la libertad, la naturaleza, la propiedad, el respeto, el amor y hasta la composición familiar (como ya vimos en los capítulos anteriores).

Si la escuela y los noticieros sirven para generar el atontamiento y la histeria entre los individuos, el rol del negocio del entretenimiento es asegurar su permanencia en la vida del idiota útil. Siempre habrá una canción de reguetón, una película de Disney o una serie de Netflix que mantendrá al joven como un completo esclavo de sus vicios y pasiones desordenadas. Todo eso, claro está, será enarbolado sobre la bandera de la búsqueda de la libertad y el empoderamiento.

El plan *gramsciano* se ha logrado. Ya no es necesario conquistar territorios geográficos a través del combate armado, como lo hicieron los comunistas cuando formaron la Unión Soviética. La guerra expansionista todavía continúa, pero ahora el objetivo es la conquista de la imaginación, el inconsciente, la práctica de los valores y hasta el alma del individuo. Las revoluciones ahora son ideológicas. El cuerpo del individuo, como lo era en una guerra bélico-territorial, también ha sido utilizado, pero ahora de manera distinta. Ya no es necesario que los revolucionarios carguen fusiles, pues su arma principal es el sexo. No obstante, no estoy hablando del sexo puro entre esposos con fines naturales, sino del sexo alterado, irresponsable y antinatural. La revolución es sexual.

Comunismo, ateísmo y feminismo

Tenemos que confesar que la sociedad rusa prerrevolucionaria no era tan santa ni perfecta. Sin embargo, las cosas tomarían un rumbo muchísimo peor después de la Revolución bolchevique. Karl Marx inició una tremenda batalla en contra del cristianismo cuando proclamó: «La religión es el opio del pueblo».[3] Sí, se lanzó precisamente en contra del cristianismo. A fin de cuentas, ¿has visto algún revolucionario que con frecuencia tenga problemas con cualquier otra religión o se declare contrario a ella?

Esto se debe a que el antagonista natural y real del comunismo no es el capitalismo, como piensa por error gran parte de la derecha, sino el cristianismo. Analizaremos esta problemática en un próximo capítulo.

Erradicar la religión cristiana y sus prácticas de un pueblo es, por cierto, desordenar todos los vectores que conducen al bien y a la verdad. Es generar confusión, un desorden en los sentidos básicos del comportamiento humano de manera individual y en las relaciones de la sociedad. Carecer de una doctrina religiosa que nos muestre la dirección de nuestras acciones no significa ser libre. Lo que sí significa es que, en lugar de esa doctrina religiosa, se planteará una doctrina ideológica. La única diferencia es que nos dirán que todos nuestros actos no estarán influenciados por la plaga religiosa y ahora podremos considerarnos libres. Sin embargo, en realidad, cada espacio vacío ahora está entregado a las prácticas viciosas desarrolladas y perpetuadas por la izquierda. Marx lo deja sumamente claro cuando confiesa en uno de sus manuscritos de 1844: «El comunismo empieza en seguida con el ateísmo».[4]

El objetivo del ateísmo comunista es hacernos odiar la doctrina que nos hace bien con el fin de adherirnos a una que nos corrompe. Por supuesto, como siempre todo estará disfrazado de la búsqueda de la libertad. La élite intelectual progresista usa diversas técnicas para

---

[3] Karl Marx, *Crítica de la filosofía del estado de Hegel* (Madrid: Editorial Biblioteca Nueva, 2010), p. 4, https://creandopueblo.files.wordpress.com/2013/10/marx-crc3adtica-de-la-filosofc3ada-del-estado-de-hegel.pdf.

[4] Karl Marx, *Manuscritos económicos y filosóficos de 1844*, «Propiedad privada y comunismo», tercer manuscrito, https://www.marxists.org/espanol/m-e/1840s/manuscritos/man3.htm.

lograr que las personas se vuelvan contrarias a la religión cristiana: desde ignorarla como si no existiera o fuera importante hasta combatirla fuertemente, pervirtiendo su sentido, mintiendo sobre su desarrollo y difusión, y provocando un revisionismo histórico intencional seguido de un asesinato de la reputación. Eso es exactamente lo que hicieron. Por lo tanto, si las personas ya no confían en las directivas de sus vidas a través de algo que es bueno, entonces, naturalmente, acabarán buscando otra opción, y lo único que queda es solamente el mal.

Claro que como hijo (o hija, ¿quién sabe?) legítimo del comunismo, el feminismo lleva sus propias opiniones con respecto a las relaciones divinas. Mary Daly, una joven nacida en Nueva York en 1928, fue una de las principales teóricas feministas que se mostró abiertamente opuesta al cristianismo. Ella llegó a decir: «Si Dios es varón, entonces varón es Dios. El patriarca divino castra a las mujeres mientras se le permite vivir en la imaginación humana».[5] Mary nos está diciendo que el Dios cristiano, tradicionalmente conocido y venerado en su imagen masculina, incluyendo las prácticas litúrgicas que distinguen la participación femenina y masculina, acabaría por perpetuar la desigualdad entre hombres y mujeres.

La regla es clara: hay que erradicar a Dios de la mente de los individuos, así como del espacio público y las relaciones sociales. Daly escribe el libro titulado *La iglesia y el segundo sexo* en 1968 (una analogía al famosísimo libro de la también feminista Simone de Beauvoir titulado *El segundo sexo*). Beauvoir se refiere a las mujeres como el segundo sexo para dar a entender que no sería el principal, sino los restos, las migajas, el secundario y auxiliar.

Daly dedica casi toda su obra a examinar los supuestos daños ocasionados por la iglesia católica en la vida de las mujeres. Ella llega a admitir que la publicación era una celebración personal de

---

[5] Mary Daly, *Beyond God the Father: Toward a Philosophy of Women's Liberation* (Boston: Beacon Press, 1973), p. 19.

despedida de la iglesia y, en particular, de todo el cristianismo para dedicarse por completo a la propagación del feminismo.[6] Daly dice: «El pedido de igualdad de una mujer en la iglesia sería comparable a la exigencia de igualdad de una persona negra en el Ku Klux Klan».[7] De acuerdo con este pensamiento, una mujer que está en búsqueda de su libertad jamás debería considerar encontrarla en el cristianismo. Por el contrario, el cristianismo sería su opresor natural.

Daly también critica lo que en la doctrina cristiana se denomina como «la voluntad divina» o «la divina providencia», entendidas correctamente como la obediencia y la confianza del creyente en las acciones de Dios en el curso de su vida. Por el contrario, ella dice que «el "plan de Dios" es a menudo una fachada para los planes de los hombres y una tapadera para la insuficiencia, la ignorancia y la maldad».[8] Puedes percibir cómo la autora acaba por trastocar la obediencia cristiana y lleva a las mujeres a elegir, bajo el pretexto de escapar de los terribles hombres (que serían malos por «naturaleza»), los valores revolucionarios de la desobediencia, el desorden y el rechazo.

Naomi Goldenberg dedica todo un libro a instruir a las mujeres en cuanto a cómo librarse de tal opresión. Su libro tiene un título bastante controversial: *Cambio de dioses: el feminismo y el fin de las religiones tradicionales*. Allí ella escribe: «Dios va a cambiar. Las mujeres vamos a acabar con Dios».[9] Obviamente, Goldenberg se refiere a las «feministas» cuando escribe «mujeres». En un claro intento de utilizar el lenguaje como un instrumento de subversión semántica, lleva a sus lectores a creer que todas las mujeres deberían oponerse a Dios.

---

[6] Mary Daly, *The Church and the Second Sex* (Nueva York: Harper & Row, 1968).

[7] *Ibíd.*

[8] Mary Daly, *Beyond God the Father*, p. 30.

[9] Naomi R. Goldenberg, *Changing of the Gods: Feminism and the End of Traditional Religions* (Boston: Beacon Press, 1979), p. 3, https://www.google.com/books/edition/Changing_of_The_Gods/YF4tONp6Q_cC?hl=en&gbpv=1&bsq=God%20is%20going.

El lavado cerebral se va logrando con éxito. El feminismo ha hecho que las mujeres odien la doctrina que les ofreció dignidad como individuos (como vimos en el primer capítulo). Además, las preparó para ser soldados que combatirían con garras y dientes todo lo que esencialmente deberíamos conocer: practicar y seguir el bien. Sin el bien, ¿qué es lo que les queda a las mujeres sino ser esclavas, sin darse cuenta, del mal? Sin embargo, no solo las mujeres acaban por ahogarse en los vicios ocasionados por la imposición del ateísmo luego de la destrucción del cristianismo en sus vidas. Innumerables sociedades ya fueron dañadas, incluso la propia Unión Soviética, que después de promover una radical descristianización social acabó por volver atrás.

La sociedad zarista ya no era de las más puritanas. Más bien, la sexualidad fue elevada a un nivel político con la llegada de los bolcheviques y sus ideas revolucionarias. Aleksandra Kollontai, feminista rusa ya citada previamente en este libro, fue la principal ideóloga y propagadora de los conceptos de «familia nueva» y «mujer nueva». Según Kollontai, el matrimonio debería ser abolido y en su lugar debería constituirse lo que denominó «sociedad civil». Ella consideraba que la crianza de los hijos debía ser conducida por el Estado a fin de que las mujeres fueran libres para contribuir activamente a la causa comunista.

La dictadura soviética pone en práctica las ideas de Kollontai en 1918. Ese año publicó los decretos «Sobre la abolición del matrimonio» y «Sobre la sociedad civil, los niños y la propiedad». El matrimonio fue abolido, mientras que fueron liberados el divorcio, las relaciones homosexuales y el aborto. Los comportamientos individuales y colectivos que se opusieran a la moral cristiana fueron incentivados, como por ejemplo las fiestas de travestis, las relaciones homosexuales y hasta el asistir a las playas de nudistas. Las políticas familiares tradicionales fueron totalmente cambiadas por un modelo nuevo y disruptivo de relaciones interpersonales progresistas. El amor y la fidelidad entre esposos deberían desaparecer y en su lugar tendría que darse espacio a nuevas posibilidades de relaciones libres. De acuerdo con el investigador Dan Healey:

> Los enfoques soviéticos de la sexualidad evolucionaron como resultado de la revolución y la guerra en la primera mitad del siglo XX. Las campañas comunistas antirreligiosas y la ingeniería social violenta penetraron profundamente en la vida privada y transformaron por la fuerza la sociedad rural en una industrial urbana.[10]

La falta de responsabilidad y compromiso entre hombres y mujeres que fueron generadas por esas nuevas directrices acabó por convertir a la mitad de toda una generación en huérfanos. De acuerdo con el portal *Russia Beyond*, canal de comunicación oficial del gobierno de Rusia: «En términos ideológicos, la liberación sexual fue una de las principales armas en el combate contra la iglesia ortodoxa y la vieja orden en general».[11] La sociedad soviética estaba entonces creando a una peligrosa generación de huérfanos sin hogar. Los informes oficiales indican que en 1923 la mitad de los niños nacidos en Moscú fueron concebidos fuera del matrimonio y muchos de ellos resultaron abandonados en la infancia.

El escenario cambia cuando acaba la Primera Guerra Mundial: los soldados regresan a sus hogares y muchos de ellos con terribles secuelas psiquiátricas. Los criminales detenidos durante ese período son amnistiados. Una terrible ola de violaciones empezó a

---

[10] Dan Healey, *The Sexual Revolution in the USSR: Dynamics Beneath the Ice* (Londres: Palgrave Macmillan, 2014), p. 237, https://doi.org/10.1057/9781137321466_14.

[11] https://www.rbth.com/history/328265-russian-sexual-revolution. *Russia Beyond*, conocido desde su lanzamiento en 2007 hasta el 5 de septiembre de 2017 como *Russia Beyond The Headlines*, es un proyecto ruso multilingüe operado por TV-Novosti, fundada por la agencia de noticias estatal rusa.

aterrorizar a la URSS. «En la década de 1920, la cultura de la violación se convirtió en una epidemia. Lo más sorprendente fue que la violencia sexual contra las mujeres nobles y burguesas fue, durante algún tiempo, considerada incluso como "justicia de clase" entre los hombres proletarios».[12]

Este fue el resultado de la promoción de la sexualidad antinatural: niños sin familia, mujeres violadas, más del 80 % de la población adicta a las drogas, la criminalidad disparada y la población dando grandes señales de disminución. Todo eso en un lapso de menos de diez años. La sociedad soviética había descubierto la manera más rápida de destruir a toda una nación sin que fuera necesario poner a un solo soldado armado con un fusil en un campo de batalla. Habían probado ellos mismos el método y demostrado su eficacia.

Los intelectuales soviéticos empezaron a deshacer el daño con rapidez al percibir que sería imposible crear un país fuerte y desarrollado. El cristianismo fue rescatado. Aunque un número incontable de agentes de la KGB se infiltraron en la iglesia para controlarla, su doctrina empezó a ser incentivada nuevamente. Todos los decretos que estimulaban la revolución sexual fueron suspendidos, se incentivó a las mujeres para que permanecieran en el hogar, y la homosexualidad y el aborto fueron prohibidos por completo. La familia sería natural, monogámica, heterosexual, presidida por el padre, auxiliada por la madre y perpetuada por los hijos en el paraíso comunista. Esto no se daría porque a ellos les gustara, sino porque para la naturaleza humana era conveniente. Se dieron cuenta de que una sociedad sin límites está destinada al fracaso.

La única cosa que los bolcheviques han hecho bien fue construir una sociedad totalmente improductiva, compuesta por individuos

---

[12] Georgy Manaev y Daniel Chalyan, «How Sexual Revolution Exploded (and Imploded) across 1920s Russia», *Russia Beyond*, 14 mayo 2018, https://www.rbth.com/history/328265-russian-sexual-revolution.

incapaces de defender los intereses geográficos, políticos y económicos de su propio país. Eran un pueblo drogadicto, enfermo, pervertido, y más allá de destruir sus propias vidas, acabarían por hundir a toda una nación.

Hasta uno de los más crueles dictadores del mundo reconoció que ninguna nación sobrevive sin un número clave de habitantes. Healey señala que «el régimen estalinista reaccionó ante la pérdida de 26 millones de ciudadanos en la Segunda Guerra Mundial manteniendo duras políticas natalistas (el aborto ya era ilegal y el divorcio se hizo más difícil)».[13]

Finalmente, en el seno comunista nace la más nefasta de las ideas: la familia tradicional para ellos, la destrucción de la familia para los otros. Mientras se disfrazan de conservadores en su nación hasta el día de hoy, difundieron y aun difunden la doctrina marxista y todas sus implicaciones fuera de sus fronteras.

La Unión Soviética ganó la Guerra Fría cuando decidió luchar sin armas o tanques. En su lugar usaron la televisión, la música y la moda. Crearon millones de jóvenes que ostentan las ideas comunistas sin siquiera darse cuenta. El comunismo tuvo que adaptarse para conquistar a los occidentales. La doctrina comunista, una vez compaginada a la luz de Gramsci y la Escuela de Fráncfort, sabía que sería imposible corromper al Occidente en el período posguerra a través de la revolución del proletariado, como lo había establecido Marx. Sin embargo, podrían utilizar los vicios y las debilidades humanas como instrumentos revolucionarios. La Unión Soviética ganó la guerra cuando desplegó en Occidente todo lo que hizo que su sociedad colapsara. Ese regalo llegó en un envoltorio muy bonito y lleno de colores, donde se leía «Paz y Amor».

---

[13] Dan Healey, citado en *Sexual Revolutions*, Gert Hekma y Alain Giami, ed., cap. 13, «The Sexual Revolution in the USSR», p. 237, https://link.springer.com/chapter/10.1057/9781137321466_14.

Los cambios telúricos contra el «sistema»

Hay muchas manifestaciones de los profundos cambios que ha vivido la sociedad en las últimas décadas. Por ejemplo, se rompieron muchos paradigmas cuando vimos a Elvis Presley balanceando sus caderas, mientras que Marilyn Monroe dejaba que el mundo mirara su ropa íntima. Los varones se dejaban el pelo largo como una señal de rebeldía en contra de toda una sociedad y las mujeres hacían sus faldas cada vez más cortas. La juventud quería rebelarse contra el «sistema».

>«Haz el amor, no la guerra».
>«Vive rápido, muere joven».
>«Sexo, drogas y *rock 'n' roll*».

Estos son los tres mayores eslóganes que representan la denominada «contracultura», es decir, el posicionamiento en contra de la cultura vigente, cambiando los hábitos y tradiciones de determinado lugar o pueblo. En este caso, el lugar era Occidente y el pueblo afectado fueron nuestros padres y abuelos.

En la revolución científico-tecnológica, los ideólogos socialistas ven la oportunidad perfecta para adaptar su ideología y así utilizarla con otras armas. En democracias como la europea o la norteamericana, la destrucción de la unidad familiar no podría lograrse con soldados comunistas rompiendo la puerta de los hogares y obligándolos a adherirse a un partido político. Para ese fin se usó la radio, la televisión, la música y el cine. El mayor estrago se logró a través de esos medios. Mientras la mamá jugaba a ser independiente, mientras trabajaba y servía a su patrón, el desarrollo moral de sus hijos se tercerizó por completo y se le entregó a la industria del entretenimiento.

Una industria es una actividad económica que tiene por objetivo transformar materia prima para convertirla en un producto comercializable.[14] Cuando se piensa en una industria nos viene a la mente algo grande, como una gran fábrica. Las grandes producciones se realizan con presupuestos millonarios, dependen de grandes compradores y negocios cerrados. Nadie produce lo que nadie compra. Si existe un producto es porque también existe un comprador. La industria del entretenimiento sigue exactamente esta lógica. Los directores, productores, guionistas, actores, cantantes y escritores están listos para ser transformados por la industria hollywoodense y convertirse en una estrategia de inteligencia para introducir ciertos valores y así corromper a nuestros hijos.

La realidad de la militancia contemporánea

Para comprender mejor cómo la mente de los jóvenes está siendo captada de forma silenciosa, es necesario comprender las estructuras de una militancia. La palabra «militancia» (*militantia*) deriva etimológicamente del latín *militare*, que significa «ser un soldado», y del sufijo *-ancia*, que significa «una acción o el resultado de esa acción». O sea, la militancia, según sus raíces lingüísticas, sería la acción de servir como soldado.

Es posible darse cuenta de que la palabra «militancia» ha sido usada de alguna manera por los movimientos revolucionarios a lo largo de la historia. El término ha sido utilizado por Lenin, Gramsci, y hasta ha sido empleado de forma irresponsable por la prensa para designar a los terroristas islámicos.[15] Es común observar que la palabra «militante» se atribuye a personas relacionadas con causas

---

[14] https://dle.rae.es/industria?m=form.

[15] Lenin usó el término en un artículo titulado «Tratado del materialismo dialéctico». Gramsci usó el término en uno de sus libros más básicos titulado *Escritos políticos*.

minoritarias o partidos de izquierda, aunque es poco común que se use el término para personas comprometidas y activas con otras causas. Sin embargo, la definición mediática de una palabra no se puede tomar en cuenta al analizar su influencia en el mundo. ¿Qué es realmente la militancia más allá del significado que se le atribuye a la izquierda? La defino como «un organismo compuesto por agentes capacitados para desarrollar y ejecutar estrategias de ocupación, dominación y mantenimiento del poder en un territorio determinado». Consideremos el significado de las palabras comprendidas en esta definición para una mejor comprensión de este término tan usado en la actualidad.

- Un «organismo» es el conjunto de órganos que constituyen un ser vivo y que deben funcionar en armonía para estar sano.
- El «poder» es la capacidad de hacer que alguien haga algo. Es la influencia que se ejerce sobre una persona, determinando su rumbo o destino. Es el control que se ejerce sobre un proceso.

Por lo tanto, la militancia se entiende como un grupo de personas e instituciones muy bien organizadas, donde cada una desarrolla sus acciones en áreas distintas y específicas con el objetivo de conquistar un territorio deseado. Dentro de una militancia hay quienes buscan ocupar el territorio, otros financian, estudian, desarrollan técnicas de ocupación, ejecutan debidamente y supervisan todo el proceso. Todos estos agentes suelen estar interconectados por un orden jerárquico vertical de poder.

Este libro no tiene como principal objetivo hacer un análisis profundo sobre los agentes de dominio global, pues para eso sería necesario una cantidad inmensa de páginas y un trabajo solamente con ese enfoque. También habría que destacar y traer a este análisis a las instituciones responsables de practicar algún tipo de injerencia en todo el globo, es decir, interferir en la soberanía de un país con el objetivo de conquistarlo. Estoy hablando de entidades que van desde la ONU y el FMI hasta la Fundación Ford y la *Open Society Foundation*. Por ejemplo, parte de esta injerencia se realiza a través de la distribución de becas millonarias para investigaciones, publicaciones y desarrollo de estrategias.

Las grandes familias oligárquicas como los Rockefeller, Rothschild, Morgan y sus fundaciones multimillonarias como la Fundación Ford, la Fundación Bill y Melinda Gates, la Fundación McArthur, entre otras, desempeñan el estricto papel de financistas y patrocinadores de la casta intelectual. Los intelectuales son para la militancia como el cerebro para el cuerpo humano. Este es quien determina los sentidos, direcciones, análisis, interpretaciones y acciones. La élite intelectual es responsable de analizar todos los contextos geográficos, políticos, económicos, culturales, históricos y otros necesarios para desarrollar todas las estrategias que logran el avance de la dominación territorial ordenada por las castas superiores. Está conformada por grandes teóricos, académicos, asesores, investigadores y escritores que pueden actuar de forma anónima o pública. Ellos serán los encargados de determinar las acciones de las grandes corporaciones, industrias, gobiernos, organismos internacionales e incluso del conglomerado *Big Techs*.

La casta más baja es precisamente la de los activistas. Aprovecho para distinguir entre estos dos términos: el militante es el agente que forma parte de este gran cuerpo organizado y puede ser tanto George Soros como un intelectual. El activista es el individuo o grupo de individuos que son designados para implementar las estrategias ordenadas por los intelectuales en actividades prácticas. Una activista puede ser una diputada que sigue el orden de su partido, el cual respectivamente obedece directamente a la casta intelectual. También puede ser una feminista que protesta desnuda en la calle, como yo solía hacerlo. Podrían ser un grupo de personas (*lobby*) que recorren el congreso de un país para promover la legalización de las drogas, así como un cantante que lleva el reguetón a tu casa. De hecho, hay multitud de puestos en los que se puede ubicar a los activistas, como podemos ver mejor a continuación:

- *Activistas callejeros y de acción directa:* movimientos y colectivos sociales, organizaciones terroristas e instituciones religiosas.
- *Medios culturales:* industria cinematográfica, industria literaria, industria fonográfica, industria del juego, aplicaciones y entretenimiento en general.
- *Medios de comunicación:* revistas, periódicos impresos, noticias televisadas, radio, redes sociales y plataformas digitales.
- *Medios de educación:* escuela tradicional, universidades, programas educativos estatales o privados, becas.
- *Poder estatal:* partidos políticos; poderes legislativo, ejecutivo y judicial, sus cargos y demás esferas.
- *Instituciones burocráticas: lobbies* políticos, oficinas públicas, instituciones financieras, organizaciones internacionales (p. ej., ONU).
- *Sociedad civil organizada:* líderes de barrios, comunidades, campo, etnias, ONGs y sindicatos.

Los activistas progresistas no solo están involucrados en cada una de estas instituciones, sino que participan activamente en cada etapa de su desarrollo entre diversos tipos de procesos. Yo los clasifico en dos tipos: voluntarios e involuntarios. El primer grupo está constituido por individuos que están centrados en los planes y estrategias de dominación y se ponen a disposición para servir a la causa. Los involuntarios son las personas que no están conscientes de nada y ellas mismas son víctimas de la ilusión romántica de lograr un mundo mejor para todos a través de un orden revolucionario.

Considero que yo pertenecía al segundo grupo. Cuando era una novata en el movimiento Femen no tenía acceso a informaciones sobre el financiamiento y las directrices generales del grupo. Solo me decían lo que yo y otras activistas debíamos hacer y estábamos dispuestas a obedecer a nuestros superiores de inmediato como si fuéramos soldados en el frente de batalla. Nos tocaba ejecutar las órdenes más diversas (y perversas) de nuestros superiores sin pensar siquiera en cuestionarlas.

Sin embargo, no podría decir que solo los cuarenta días que pasé en Ucrania me hicieron cambiar de ideología. La verdad es que había sido construida, moldeada como un vaso de cerámica desde mi niñez. Y no solo yo, sino toda mi generación de los treinta y cinco años para abajo. Crecí con mi mamá proclamando las ideas feministas más diversas en mi cabeza: «Sarita, hay que estudiar mucho para tener un buen empleo y no depender de ningún hombre». Pude experimentar en mi hogar disfuncional cada peldaño de una escalera que me conducía a un piso donde había un letrero que decía: «El feminismo es bueno y tú lo necesitas».

Mi mamá tenía diecisiete años cuando se embarazó y tuvo que casarse con mi papá. Lo que debería ser apenas una noche de fiesta terminó con mi mamá convertida en la víctima de un hombre violento y descontrolado. Mi padre era alcohólico y trabajaba como cantante en las fiestas. Muchas veces mantenía a mi mamá como si ella estuviera en una cárcel privada. Le pegaba muchísimo cuando llegaba completamente borracho. Una vez le pegó con tal fuerza que le rompió toda la parte derecha de su rostro. Mi mamá tuvo que pasar por una cirugía de reconstrucción facial.

Fueron innumerables las veces que le pregunté a mi mamá por qué no se había divorciado de mi papá. Ella me respondía diciendo: «Legalmente se podía, pero la sociedad no lo aceptaba». Lo que sucedió es que mi papá en algún momento se convirtió. Él empezó a frecuentar una iglesia evangélica y tuvo una transformación radical. Se arrepintió y nunca más volvió a ser violento y nunca volvió a poner una gota de alcohol en su boca. Era un hombre nuevo, y ese fue el hombre que yo conocí.

Mi papá se convirtió cuando yo tenía un poco más de tres años. Esto significa que durante toda mi vida consciente lo conocí como un hombre recto, prudente, tremendamente honesto y temeroso de Dios y de las Sagradas Escrituras. Él fue mi mayor ejemplo de honestidad, fuerza de voluntad y trabajo. Por otro lado, mi mamá, que nunca lo había perdonado, me envenenaba al hablarme mal de él diariamente. Crecí escuchando que era un monstruo violento que le pegaba y violaba a mi madre sin misericordia. Sin embargo, yo no lo conocí en esas circunstancias, por lo que no lo podía odiar como mi mamá hubiera querido. Mi actitud la dejaba frustrada y enojada conmigo. Ella no solo hablaba con frecuencia de las antiguas iniquidades de mi papá, sino que también alimentaba un odio violento contra todos los hombres. Pronto entendí que yo debería también odiar a todos los hombres para poder ganarme el amor de mi madre. No me daba cuenta de que se trataba de una víctima de violencia, totalmente traumada y en un estado crónico de dolor y sufrimiento. Por el contrario, veía a mi mamá como una autoridad que debería enseñarme las cosas de la vida.

Después de experimentar en carne propia la violencia de mi hermano, concluí que todos los hombres son problemáticos, violentos, y que estar con ellos es sinónimo de no estar segura. Pero más allá de mi experiencia personal, todo el contexto a mi alrededor me condicionaba para ser una minifeminista sin siquiera darme cuenta.

Como toda familia de clase media baja en Latinoamérica, mi mamá tenía que trabajar para ayudar con las necesidades de la casa.

Por eso, durante mis primeros doce años de vida, iba a la escuela por la mañana y me quedaba bajo el cuidado de mi abuelita por las tardes. El cuidado de la abuelita era, literalmente para la generación de los años noventa, estar sentada frente al televisor y ser expuesta a todo tipo de tonterías o jugar con los amigos en la calle, donde se conocía a los tipos más diversos de personas, situaciones y comportamientos, algunas veces buenos y otras realmente malos.

Yo encajaba en el primer caso. Era una adoradora clásica de la televisión. La tele era mi compañera, mi amiga y algunas veces ocupaba el lugar de mi mamá. Me aconsejaba sobre cómo ser más bella y hasta la manera de seducir a un muchacho para que fuera mi novio. Lo que pasa es que ese contenido no parecía muy adecuado para una niña de siete años, pero mis padres estaban trabajando y mi abuelita ya estaba muy cansada como para averiguar todo lo que yo veía. Además, sería impensable en la cabeza de mi abuela de setenta años que en red nacional abierta yo pudiera ver programas de análisis familiares como: «Mi marido me ha traicionado con un travesti, ¿debo perdonarlo?» o «Estoy manteniendo una relación con el hermano de mi marido, ¿qué hago?». ¿Quién no se acuerda de la película *La laguna azul*, protagonizada por Brooke Shields y Christopher Atkins, donde vemos a dos niños que acaban varados en una isla después de un naufragio? Recién entrados en la adolescencia y la muchacha estaba embarazada. Además de todas las escenas donde se exhibía en alta resolución la genitalia de ambos. La verdad es que, con toda la carga emocional que yo llevaba en mi espalda por la terrible situación en que se encontraba mi familia, era muy real que buscaría descargar mi enojo y frustración de alguna manera.

Algunas de mis amigas en el colegio se embarazaron a partir de los trece años. Ese no fue mi caso. A esa edad descubrí en la música, en especial el *rock* y el *metal*, una forma de ahogar mis tristezas. De acuerdo con Viviane Princival, cineasta y especialista en arte sacra:

«El arte es la expresión de una determinada impresión».[16] Surge cuando transmitimos a través de nuestros sentidos algo que sentimos después de experimentar algo particular.

¿Es el *rock* algo bueno o malo para la juventud? No creo que podamos llegar a una conclusión definitiva. Algunos dicen que las letras inducen a la juventud a un comportamiento desviado, mientras que otros creen que la agresividad del ritmo ayudaría a aliviar sus sentimientos y volver a un estado de normalidad a una persona en estado de dolor, desesperación o furia. Yo experimenté de forma personal ambas posibilidades.

A través del *metal* empecé a construir mi fundamento intelectual. Escuchaba a bandas que cantaban letras sobre la mitología griega, nórdica y celta. Otras me presentaron el latín como idioma e hicieron que me interesara en la historia, la geografía y la política. Las canciones de *punk* lograron que empezara a tener mis primeros cuestionamientos políticos. Tengo que confesar que eran totalmente desordenados, pero los gritos, la percusión doble y los solos de guitarra aliviaban mi sufrimiento, aunque también me hacían tener ganas de «destruir» al sistema. ¿Cuál sistema? No lo sabía en ese momento, ni siquiera sabía lo que eso significaba, pero sentía crecer el odio dentro de mi pecho en contra de esta supuesta entidad.

La música gótica me permitió descubrir lo que era una orquesta y mi pasión por la ópera. También conocí las poesías del escritor Edgar Allan Poe y la vena poética del filósofo Arthur Schopenhauer. Sin embargo, esa música también me permitió descubrir la posibilidad de aliviar mis dolores emocionales a través del dolor físico. Mi primer corte autoprovocado fue escuchando la canción *Nemo* («Nadie» en latín) del grupo finlandés *Nightwish* (sigue siendo mi

---

[16] Viviane Princival, citada en «A beleza transcendental e sua influência no humano através da arte sacra» de Otávio Ferreira Santos Martins, p. 19, https://catolicadeanapolis.edu.br/biblioteca/wp-content/uploads/2022/06/Otavio-Ferreira-Santos-Martins.pdf.

grupo preferido hasta el día de hoy. La diferencia es que ahora tengo prudencia, sabiduría y madurez para apreciar el arte sin dejar que me influya negativamente).

Los animes y mangas me traían un poco más de felicidad. Era aficionada a la cultura *pop* japonesa de los años 90 y 2000. No voy a decir que todos son malos, pues esto sería una enorme mentira. No obstante, la cultura oriental es muy diferente y puede pasar lo que sucedió conmigo si los padres no están atentos. A través de diseños como *Naruto* e *Inuyasha* descubrí el sentido de la fuerza, de nunca desistir, de ser persistente, pero con otros descubrí a hombres vestidos de mujeres, y que las relaciones homosexuales eran vistas como algo totalmente permitido y hasta considerado tierno y atractivo. No todas las cosas son tan malas, pero no todo nos conviene; o mejor, no todo conviene a nuestros hijos o futuros hijos.

La influencia de los medios de entretenimiento es fatal para la formación de la personalidad y los hábitos en niños y adolescentes. A diferencia de los adultos, ellos aún no tienen la experiencia y la madurez para discernir lo que es o no es conveniente. Por ejemplo, las pruebas semestrales de lectura y matemáticas de estudiantes en los Estados Unidos revelaron que solo el 15 % de los estudiantes de octavo grado obtuvo una calificación de competente o superior en historia americana, junto con aproximadamente una cuarta parte en educación cívica y geografía.[17]

También una investigación de la Escuela de Medicina de la Universidad de Pittsburgh observó a adolescentes que escuchan con frecuencia música que contiene referencias a la marihuana. Luego descubrieron que estos jovencitos son más propensos a usar la droga comparados con los adolescentes que no estuvieron tan expuestos

---

[17] Natalie Wexler, «Why Kids Know Even Less About History Now – And Why It Matters», *Forbes*, 24 abril 2020, https://www.forbes.com/sites/nataliewexler/2020/04/24/why-kids-know-even-less-about-history-now-and-why-it-matters/?sh=2efbc336a7a.

a tal contenido.[18] Otro estudio señala que por cada hora que los adolescentes norteamericanos escuchan música, ellos también escuchan más de tres referencias a diferentes marcas de bebidas alcohólicas. Los investigadores afirman que esto podría contribuir a que los adolescentes beban.[19] Además, los investigadores de la Facultad de Medicina de Dartmouth descubrieron que los personajes de películas que fuman cigarrillos influyen en los adolescentes para que intenten fumar.[20]

La artista Selena Gomez (abiertamente a favor del aborto y donante de *Planned Parenthood*) produjo en 2017 una serie para Netflix llamada *13 Reasons Why*. La trama giraba alrededor de la historia de Hannah, una joven de diecisiete años que se había suicidado. La serie tenía la indicación para mayores de dieciséis años y contenía escenas de sexo, homosexualidad, uso de drogas, automutilación y suicidio explícito. Un estudio publicado en la *Journal of the American Academy of Child & Adolescent Psychiatry* descubrió que las tasas de suicidio aumentaron en el mes siguiente al lanzamiento de la serie entre los niños de diez a diecisiete años. Ese mismo mes, abril de 2017, tuvo la tasa general de suicidios más alta para este grupo de edad de los últimos cinco años.[21]

Luego de todo lo dicho tengo la certeza de que es muy posible que ahora mismo estés analizando tu propia vida y buscando cada música, película o serie que te ha influenciado. Está todo bien, eso es normal. Sin embargo, lo que no es normal es saber que, por detrás

[18] Brian A. Primack, Erika L. Douglas y Kevin L. Kraemer, «Exposure to Cannabis in Popular Music and Cannabis Use among Adolescents», Biblioteca Nacional de Medicina de EE. UU., marzo 2010, https://www.ncbi.nlm.nih.gov/pmc/articles/PMC2881613/.

[19] Jena Hilliard, «Alcohol in Music», Alcohol Rehab Guide, 26 octubre 2022, https://www.alcoholrehabguide.org/alcohol/alcohol-in-popular-culture/alcohol-in-music/.

[20] Dr. James Sargent (Dartmouth Medical School), «Adolescents Who Watch Smoking in Movies Are More Likely to Try Smoking», 7 noviembre 2005, https://geiselmed.dartmouth.edu/news/2005_h2/07nov2005_sargent.shtml.

[21] Dr. William E. Copeland, «One Reason Why Not», *Journal of the American Academy of Child & Adolescent Psychiatry*, vol. 59, n.° 2, febrero 2020, https://www.jaacap.org/article/S0890-8567(19)30288-6/fulltext#relatedArticles.

de cada uno de estos contenidos, había expertos en ingeniería social que elegían con cuidado cada detalle para hacernos útiles a toda la agenda progresista, colocando ideas en nuestra cabeza sin pedirnos permiso primero.

Para comprender mejor este fenómeno, debemos dejar de lado la tendencia a pensar que todo es una mera casualidad. No existe espacio para hechos espontáneos en un proceso de toma de poder. Gene Sharp, el mayor especialista del mundo en estudios estratégicos de acción no violenta y escritor del famoso libro *De la dictadura a la democracia*, ha dicho que para llegar al poder son necesarias tres cosas: «Una plena cooperación, obediencia y apoyo harán más asequibles los recursos que el poder necesita, y, en consecuencia, fortalecerán la capacidad de obrar de cualquier gobierno».[22] Es precisamente nuestra obediencia lo que la militancia progresista tanto busca, y para eso invierte tiempo, dinero y esfuerzo. Se trata de una inversión perfecta: invertir en una película o música hoy para poder tener mañana un ejército idiotizado y gratuito, sediento de servirle.

Lo que empezó de manera sencilla, casi infantil, al inicio del siglo con los calendarios de *pinups*[23] terminó. Setenta años después vemos videoclips de cantantes de reguetón *perreando* con movimientos pornográficos en las pantallas de los celulares de nuestros hijos preadolescentes. La toma de las consciencias, la imaginación y la moral es hecha de manera cínica, silenciosa, soterrada y lenta, como una serpiente que se arrastra y de repente ataca. Cuando nos damos cuenta, ya estamos infectados con el veneno y pronto a perder la salud, la vida y hasta el alma.

---

[22] Gene Sharp, *De la dictadura a la democracia* (Boston: Albert Einstein Institution, 2011), p. 19, https://www.sedh.gob.hn/documentos-recientes/59-de-la-dictadura-a-la-democracia-un-sistema-conceptual-para-la-liberaci%C3%B3n/file.

[23] Pinturas o fotografías de muchachas con vestidos un poco sensuales, generalmente captadas en una escena intencional en donde se mostraba una pequeña parte de su ropa íntima, manteniendo la sensualidad en el misterio y en las ganas de querer ver más.

¿Qué te parece el plan para los próximos setenta años si ahora la juventud está siendo bombardeada diariamente con pornografía disfrazada de arte? ¿Te parecen inocentes o espontáneas todas las decenas de diseños animados con contenido homosexual y transexual? No. No es coincidencia, es militancia.

En este exacto momento están formando a las próximas generaciones que crecerán con dos papás, dos mamás o quién sabe si con un mixto de los dos. Niños que no sabrán cuál es su verdadero sexo, porque sus padres lo impidieron al dejar que le pongan bloqueadores hormonales desde la niñez. Niños que no conocerán a sus madres y padres verdaderos, pues serán generados por reproducción asistida, pedidos como si fueran productos de una tienda y generados en vientres de alquiler. Niños con deficiencias físicas, pues serán obligados a adherirse a una dieta vegana para preservar a «los pobres animales». Niños que jamás escucharán hablar de Dios y de la salvación.

Lo que la militancia siembra hoy, la sociedad lo cosechará en el futuro.

| PASO SEIS |

MODIFICACIÓN de las MUJERES

YA HEMOS VISTO CÓMO LA IZQUIERDA, en especial el feminismo, idiotiza, desespera e influencia a las jóvenes. Sin embargo, es necesario añadir otro paso esencial en la construcción de una feminista: la modificación. Este proceso empieza, como vimos en el capítulo anterior, desde la infancia, cuando se toma con fuerza a las más vulnerables, quienes por sus circunstancias dramáticas no tienen otra elección que aceptar, sin darse cuenta de todo el cambio antinatural que están dispuestas a enfrentar.

Para comprender mejor este escenario, dividiremos este capítulo en varias secciones y también utilizaré ampliamente el libro

La mente izquierdista: las causas psicológicas de la locura política, del famoso psiquiatra y escritor Dr. Lyle H. Rossiter. Él nos presenta un estudio sumamente detallado del desarrollo de la mente humana, desde los primeros días de vida hasta la mayoría de edad, para luego mostrar cómo las ideas de izquierda han provocado diversos efectos en cada etapa.

La fase infantil

Se refiere al período de desarrollo humano que va desde los seis hasta los doce años. Como mencioné en el capítulo anterior, no es casual que año tras año se perciba un aumento drástico en la producción de contenido progresista que tiene como objetivo a este grupo etario. Por ejemplo, la producción de contenidos nuevos e inéditos, como las películas de Marvel de la segunda generación, donde los héroes son en su gran mayoría heroínas, en una clara afirmación de que en una nueva época los hombres son totalmente descartables. También está la adaptación de los clásicos, como por ejemplo *La sirenita*, ahora interpretada por una actriz de piel negra. En la historia original, el personaje tenía la piel blanca.

Puedes preguntarte: «Pero, Sara, ¿qué mal tan grande podría haber en destacar la diversidad cultural con los niños?». Mi respuesta muy directa es que la militancia en ningún momento tiene como objetivo desarrollar algún tipo de virtud en los niños. Por el contrario, el objetivo de esta sustitución está explícito en la propia acción, porque es exactamente la sustitución lo que se busca. Por ejemplo, se trata de un personaje típicamente blanco por una razón muy sencilla y hasta obvia: el cuento original fue escrito por Hans Christian Andersen en 1837. El autor es danés y se basó en el folclore de su país para dar origen a la historia. Podría parecerte obvio, pero típicamente, los ciudadanos nativos de Dinamarca son caucásicos, es decir, el color de su piel es blanca.

Entonces, yo podría aducir que no se trata de educar a los niños para que tengan una mejor comprensión de la diversidad de culturas en el mundo y enseñarles a respetar todo aquello que es diferente. Por el contrario, en la realidad se trata de apagar la historia europea y reescribir una nueva que sea totalmente subvertida.

Finalmente, el mito de la sirena está presente en las culturas más diversas, como la griega, la brasileña e incluso la de muchos países africanos. Entonces, me pregunto: ¿si Disney estuviera realmente interesado en promover el respeto y la diversidad intercultural, por qué no ha creado un nuevo cuento de la sirena basado en el folclore y la cultura típica de alguna nación africana y así le brinda todo el respeto y la atención merecidos?

Creo que no lo hacen porque no quieren enseñar nada nuevo, sino por el contrario, se aprovechan de que los niños de esta edad aún están absorbiendo toda la información posible del mundo y así hacerles tragar un sinnúmero de ideas equivocadas. Rossiter señala que los acontecimientos de los primeros seis años de vida establecen las estructuras más básicas de la personalidad y son, por lo tanto, los más profundamente formativos en el curso del desarrollo humano.[1] Esta realidad nos lleva, una vez más, a resaltar la gran importancia de la preservación de la unidad familiar y los estímulos necesarios para que se conserve estructurada, sana y funcional, porque a fin de cuentas, es en ese núcleo familiar donde se producirán las generaciones posteriores. Desafortunadamente, como vimos en los capítulos anteriores, la familia como institución ha sido duramente atacada y desmantelada al menos por una década entera. Esto, como consecuencia, ha generado nuevas configuraciones muy diferentes a la original, como madres adolescentes, padres divorciados, hijos criados por los abuelos y muchas más.

---

[1] Lyle H. Rossiter, *A mente esquerdista: as causas psicológicas da loucura política* (Río de Janeiro: Editorial Vide, 2016), p. 263, https://archive.org/details/rossiter-2016-a-mente-esquerdista-as-causas-psicologicas-da-loucura-politica_20210227/page/252/mode/2up.

El psiquiatra brasileño Italo Marsili escribe que «muchas veces la familia, por diversas circunstancias, no está preparada para ofrecerle al niño los mejores modelos de comportamiento moral, lo que puede ser adquirido a través de la exposición a una cultura sana, como buenos diseños animados, buena literatura infanto-juvenil, así como la convivencia con otros individuos, tales como buenos amigos o profesores».[2] En el mismo sentido, Rossiter escribe:

> En este período, la expansión de las habilidades sociales está más allá de las adquiridas en el núcleo familiar. En la edad juvenil, las habilidades aprendidas por primera vez en el preescolar se expanden en asociaciones con personas y grupos fuera de la familia. [...] En esta etapa de la edad juvenil, el niño aprende mucho sobre los arreglos de vida de la sociedad, especialmente aquellos que fomentan la seguridad material y que gobiernan las relaciones sociales y el proceso político.[3]

Esa es la razón por la que es muy importante tener en cuenta a qué personas, contenidos y situaciones los niños se encuentran expuestos. Rossiter expande esta idea, demostrando dicha importancia al señalar lo siguiente:

> Las adquisiciones específicas de la fase de actividad no son los únicos beneficios que se pueden disfrutar en este período de crecimiento del niño. De particular interés es el hecho de que este período a menudo sirve para reparar o al menos mitigar los efectos de traumas anteriores. Si las experiencias de abandono, privación o abuso no han sido

---

[2] https://www.youtube.com/watch?v=JoByaYWvAnA.
[3] Rossiter, *Ibíd.*, pp. 253, 249.

demasiado severas, la fase de actividad de su desarrollo puede ofrecer oportunidades para sanar heridas tempranas, especialmente a través de relaciones «maestro-alumno», «maestro-aprendiz», pero también a través del descubrimiento de algunos intereses sobre los que construir una identidad, ganar autoestima, aplicar la iniciativa y aprender la persistencia. Los maestros, entrenadores o consejeros, por ejemplo, o quizás un tío o un abuelo, pueden brindarle al niño el tipo de instrucción, orientación, aliento, empatía, afecto e inspiración de un adulto competente que necesita para superar las deficiencias en la confianza básica, la autonomía o la iniciativa.[4]

Si consideramos lo expuesto en los capítulos 3 y 4 de este libro (donde señalé la idiotización programada y la total destrucción de los valores femeninos del matrimonio y la maternidad), me parece poco probable que los niños reciban todos los ingredientes necesarios para que se vuelvan adultos buenos, sanos y virtuosos. La verdad es que ya estamos cosechando el resultado. Las generaciones de los cuarenta años para abajo están conformadas por estos niños, y el ciclo ideológico se continúa repitiendo. Surge otra pregunta: ¿por qué la militancia izquierdista desea tanto poseer la mente de los muchachos? Rossiter señala que la era de la juventud es multimodal en el sentido más literal. Cualquier revisión de los cambios ocurridos en esos años revela adquisiciones importantes en todas las áreas del desarrollo: intelectual, físico, emocional, conductual y relacional.[5] Es decir, este es el momento perfecto para apoderarse de sus mentes con el fin de llevarlos en una dirección que esté cada vez más lejos del bien.

---

4 Rossiter, *Ibíd.*, p. 264.
5 Rossiter, *Ibíd.*, p. 263.

Justo en la etapa juvenil, donde sería posible sanar los daños ocasionados en los años anteriores, es cuando los agentes estatales disfrazados de profesores van a sustituir el contenido educativo por adoctrinamiento o la mamá que había entregado a su hijo para ser criado por la abuela, ahora un poco mayor y con un empleo que le permite mantenerlo, lo llevará a vivir a su casa, pero cambiará de novio todos los meses.

Le pedí a mi marido que comprara algunos libros que me ayudarían a preparar una conferencia sobre feminismo e ideología de género durante una de mis giras en México. Era el mes de agosto del año 2022. Mientras yo escribía los títulos, este padre de cuatro niños, que van desde los dieciocho hasta los ocho años, me preguntaba cómo era posible que se permitiera la comercialización de este tipo de contenido. Les presento algunos títulos:

- *Paula tiene dos mamás* (1989). Puedes darte cuenta de que la guerra cultural ya había empezado a atacar a los niños hace más de tres décadas. Este libro cuenta la historia de Paula, una niña concebida a través de la inseminación artificial y criada por dos mujeres.
- *Julián es una sirena* (2018). El libro cuenta la historia de un niño que sueña con participar en el Desfile de las Sirenas en Coney Island, un evento tradicionalmente considerado apropiado para homosexuales y transexuales. Si haces una búsqueda rápida de ese desfile en Google, verás a un sinnúmero de hombres y mujeres desnudos y con un amplio contenido sexual a la luz del día.
- *Las caderas de la* drag queen *hacen swish, swish, swish* (2020). Un libro creado por un *drag queen* como lectura infantil. La obra está conformada de rimas sobre las vestimentas e indumentarias tradicionales del universo *drag queen*.

Amazon señala que estos libros son para leerlos a niños desde el primer año hasta los seis años. Los niños son como esponjas que absorben todo lo que ven o escuchan, por lo que la exposición a propósito a este tipo de contenido puede ocasionar en ellos diversos daños. Rossiter habla sobre las consecuencias:

> La observación de que muchas de las patologías del comportamiento se hacen evidentes durante la era juvenil es consistente con el hecho de que la tarea de desarrollo del niño en este momento es abrumadora. El éxito no está garantizado, aunque el proceso puede ir muy bien en algunos casos.
>
> Cuando lo que se aprende en esta etapa se enfoca en gran medida dentro de los códigos de conducta aceptados, la creciente familiaridad del niño con las posibilidades de su cultura lo ayuda a canalizar sus intereses en la dirección de actividades que mejoran la cooperación. Cuando las cosas no van tan bien, pueden derivar en trastornos del comportamiento, drogas, delincuencia y descarga de estrés no cooperativo. Especialmente amenazantes son las actividades que involucran la satisfacción de impulsos primitivos en actos antisociales, imprudentes o autodestructivos. El niño de doce años que termina inmerso en una subcultura de sexo, drogas, delincuencia y agresividad para aminorar su tormento interior es un resultado muy común de las deficiencias del desarrollo acumuladas en la era juvenil y los años anteriores. Detrás de la fachada de despreocupación jovial, los niños con estos problemas suelen estar plagados de ansiedad, vergüenza, depresión, envidia e ira.
>
> Los niños que sufrieron tales deficiencias tempranas no adquirieron la confianza básica en su propia bondad y en la bondad de la vida, ni en las bases de la autonomía, ni

en la iniciativa necesaria para logros útiles. En estos casos, la ansiedad residual, el miedo, la depresión, el vacío, la ira, la culpa, la vergüenza y la falta de confianza interfieren con la capacidad del niño para beneficiarse normalmente de las etapas posteriores. Las actitudes que surgen en asociación con estas emociones patológicas pueden conducir a un comportamiento pasivo-dependiente como defensa contra los miedos al abandono, la vergüenza o las represalias, o al comportamiento de oposición, desafiante o antisocial como defensa contra la disforia y la ansiedad.[6]

No les sorprenderá que yo haya caído en las garras del feminismo. Ver a mi hermano drogado y golpeando a mis padres constantemente me ha causado demasiado daño. Si a eso le sumamos todas las tardes sin supervisión en frente de la televisión mientras mi abuelita hacía sus quehaceres domésticos, sabrás que el caos en mi mente era abundante. Tenemos que añadir a esa fórmula las clases de filosofía en la escuela. Cuando tenía unos catorce años, recuerdo una clase en donde la profesora, una joven adulta llena de tatuajes y que siempre usaba ropas negras, nos leyó un texto titulado *Catraca Livre*, el cual trataba sobre la importancia de romper las reglas en búsqueda de la libertad. Durante ese tiempo nos presentó un movimiento que llevaba ese mismo nombre y nos invitó a conocer más sobre él. Actualmente, el *Catraca Livre* es el periódico más progresista de todo Brasil. En sus propias palabras: «Nuestra gran misión es utilizar la comunicación para empoderar a los ciudadanos». Yo podría decir que su intención es llevar la comunicación en la dirección que decide su militancia ideológica. Me volví feminista a los diecinueve años, pero la semillita había sido plantada cinco años antes.

---

[6] Rossiter, *Ibíd.*, pp. 254, 255, 256.

La adolescencia

La Real Academia Española define la adolescencia como «el período de la vida humana que sigue a la niñez y precede a la juventud».[7] De acuerdo con literatura académica que trata el tema,[8] la adolescencia puede verse como un período y también como un proceso. Como dice Rossiter:

> En primer lugar, es una era prolongada de desarrollo que tiene lugar entre el período infantil de la niñez y la edad adulta temprana. Es una fase de crecimiento que revisa y reorganiza continuamente los dinamismos anteriores de confianza básica, iniciativa y actividad, al tiempo que agrega importantes transformaciones propias. Las nuevas transformaciones incluyen cambios físicos, cognitivos, emocionales y de relación. Están moldeadas no solo por influencias familiares y comunitarias, sino también por fuerzas culturales, socioeconómicas e históricas, y por factores raciales, étnicos, nacionales y religiosos.[9]

De acuerdo con el médico y psiquiatra Italo Marsili, el joven durante el período de la adolescencia observa comportamientos ya sea en la televisión, las redes sociales o su familia que lo hacen cuestionarse y buscar comprender si su contexto es o funciona de manera similar o diferente a sus observaciones. En esta etapa se establecen los gustos, intereses y aquello que vale la pena. Es el tiempo del desarrollo de la autoconciencia, la percepción de sí mismo y su posición en el mundo.[10]

---

[7] https://dle.rae.es/adolescencia.

[8] Dr. Kendall Cotton Bronk, «Portraits of Purpose: A Study Examining the Ways a Sense of Purpose Contributes to Positive Youth Development», tesis doctoral (Palo Alto, CA: Universidad de Stanford, 2005).

[9] Rossiter, *Ibíd.*, p. 272.

[10] https://www.youtube.com/watch?v=JoByaYWvAnA.

Aunque no sea consciente de ello, el adolescente quiere una visión del mundo en la que pueda creer, más amplia que las convenciones de su familia y su vecindario. Debe, de alguna manera, orientarse en las reglas de convivencia de su cultura. En sus acciones cotidianas y en las que a veces desafían las reglas, pone a prueba la sustancia, coherencia e integridad de los valores de la sociedad.

Se da cuenta más que nunca de que puede hacer que las cosas sucedan para bien o para mal, en formas y en una medida que no podría haber imaginado cuando era niño.[11]

El adolescente también empieza a comprender y experimentar lo que son las relaciones de fuerza y poder. Su sentido de proporcionalidad de las cosas se desarrolla, así como la capacidad de analizar personas, ambientes y situaciones. El psicólogo Erik Erikson señala que «la adolescencia es un regenerador vital en el proceso de evolución social; porque el joven ofrece selectivamente sus lealtades y energías a la conservación de lo que siente que es verdad».[12] En el mismo sentido, Rossiter afirma que el adolescente «asume, sin cuestionamientos, su derecho a la vida, la libertad y la búsqueda de la felicidad».[13] Esa es exactamente la razón por la que los ideólogos progresistas consideran ese momento de la vida como el ideal para empezar a reclutarlos como soldados en su revolución. Como vimos en el capítulo anterior, a través de la utilización de los medios de entretenimiento, educación y comunicación, se les va convenciendo de que están siendo víctimas de una opresión sistémica y hay que liberarse de ella. Rossiter explica que «el proceso implica, sobre todo, el surgimiento de un nuevo cuerpo, nuevas facultades intelectuales,

---

[11] Rossiter, *Ibíd.*, pp. 279, 281.
[12] Erik Erikson, *Identity: Youth and Crisis* (Nueva York: W. W. Norton & Company, 1968), p. 134.
[13] Rossiter, *Ibíd.*, p. 281.

nuevos impulsos sexuales y agresivos, nuevas personalidades y nuevas formas de relacionarse».[14]

El adolescente, además de luchar por comprender y establecer una visión infinitamente más amplia del mundo y sus problemas, también tiene que esforzarse por comprender los cambios fisiológicos que ocurren en su propio cuerpo. Por lo tanto, nadie espera que un adolescente pase por esta fase tan dramática totalmente en paz. Las búsquedas personales, el establecimiento de su propia privacidad y ciertos momentos de enojo y estrés son considerados normales en este período de la vida por el que todos atravesamos. El resultado de esta etapa no debería ser caótico, tal como lo enfatiza Rossiter:

> Al final de esta etapa, el resultado de estos cambios es un adulto competente que se establecerá en pocos años como un miembro productivo, responsable, cooperativo y generativo dentro de la comunidad humana.[15]

Por lo menos, lo que se espera es que naturalmente las cosas deban salir bien luego de atravesar la adolescencia. Sin embargo, en un mundo ideologizado como este en el que vivimos ahora, la evolución del adolescente para convertirse en un joven adulto está cada vez más lenta. La adolescencia se ha convertido en un período cada vez más prolongado, hasta el punto de generar el fenómeno contemporáneo extraño de los «adultolescentes» de treinta y cinco años.

Este comportamiento no tiene nada de espontáneo, aunque las fuerzas sociales que intervienen en la prolongación de la adolescencia son de diversa naturaleza. Sin embargo, pienso que entre los factores más importantes que debemos considerar está también otra estrategia muy bien implementada por la militancia de izquierda.

---

[14] Rossiter, *Ibíd.*, p. 283.
[15] Rossiter, *Ibíd.*, p. 271.

Así como el adolescente está listo para pelear por la búsqueda de su libertad, todavía necesita de una autoridad adulta que lo guíe a través del camino para conquistarla. El adolescente, por ejemplo, tiene una mezcla perfecta de fuerza e inocencia que la militancia necesita. Pero esta materia prima es de corta duración, solo unos cinco o seis años. Sin embargo, bajo las estrategias correctas, ese tiempo puede duplicarse o multiplicarse con facilidad.

La agenda izquierdista no solo quiere destruir a la familia, sino sustituirla por la suya. Por un lado, la misericordia y la benevolencia de la madre deberán ser transformadas en la victimización y el sentimentalismo promovidos por los movimientos sociales. Se pone en práctica la tesis marxista de que la sociedad siempre estará dividida en dos clases opuestas, donde las minorías siempre serán terriblemente explotadas, sus derechos rechazados, y estarán constantemente impedidas de llegar a su felicidad y bienestar. Por otro lado, la autoridad del padre deberá ser transferida a un Estado fuerte y regulador, el cual, bajo la excusa de protección, va a vigilar, administrar y controlar cada aspecto de la vida de los adeptos (o los que fueron forzados mediante implicaciones legales) a este modo de vida.

La verdad es que, en el fondo, lo que todo izquierdista busca, en especial las feministas, es la figura de un padre y una madre. La figura de una familia bien estructurada que el propio movimiento ha destruido. El movimiento conoce muy bien cómo estos pilares tienen una importancia vital para el desarrollo de los seres humanos y por eso los utilizan y se aprovechan de ellos. Pero una vez que los utilizan de manera equivocada, el resultado nunca podría ser el esperado, es decir, que el producto final de esta operación sea un ser humano cabal. Una vez que se cambia este orden, el único producto esperado es una figura mutante, sin forma, una máquina programada para obedecer. Eso es exactamente lo que ellos quieren producir en sus militantes. Presten atención a lo que Rossiter advierte sobre la adolescencia y la agenda izquierdista:

Lejos de preparar a sus hijos para una vida de libertad genuina basada en la autonomía personal, la autosuficiencia y la cooperación consentida, la agenda izquierdista promueve una acomodación infantil y acrítica a las reglas, regulaciones y expropiaciones esenciales para el Estado colectivista y una dependencia igualmente infantil a una sociedad que se compara a una gran familia.

La persona liberada del yugo de la edad adulta también se libera de la oportunidad de crecer. Solo dejando atrás la dependencia infantil es posible adquirir la competencia instrumental y moral que brinda seguridad material, sustenta la identidad adulta, solidifica la autoestima y genera la fortaleza necesaria para enfrentar los desafíos de la vida. Las sociedades fuertemente colectivistas no permiten tal crecimiento. Siendo apoyado, protegido y supervisado por el Estado, el ciudadano colectivizado solo puede disfrutar de la pseudo-libertad de un niño en el patio de recreo, cuyo bienestar material, identitario y social son proporcionados por los padres, ya sea que actúe de manera responsable o no, de manera servicial o no, de manera cooperativa o no.

Es intrínseco a la condición humana que la competencia genuina se alcance solo a través de un esfuerzo activo frente a las dificultades del mundo real en lugar de una dependencia pasiva del estado niñero. Bajo el colectivismo, la «autonomía» otorgada al ciudadano a través de subsidios gubernamentales es una pseudo-autonomía. Es una existencia infantil que degrada al beneficiario y al mismo tiempo agranda al Estado.

Como un niño que juega, se le promete seguridad económica, social y política sin tener que asumir la responsabilidad de sí mismo. La agenda izquierdista requiere que permanezca en un entorno artificial, la guardería del gran Estado, donde no necesita convertirse en adulto, ni asumir la responsabilidad de su bienestar ni cooperar con otros para conquistar lo que el Estado le dará a cambio de nada.[16]

El joven debería recibir algunas responsabilidades, por ejemplo, la de desarrollarse como un buen ciudadano, cooperar con su comunidad, interesarse por el conocimiento en general, perseverar y buscar alcanzar sus objetivos, procurar servir a los necesitados, cumplir sus responsabilidades en sus empleos, esforzarse por proveer seguridad y estabilidad para su futura familia y dejar un legado para la próxima generación. Lamentablemente, son justo esas responsabilidades las que la izquierda etiqueta como inadecuadas por pertenecer a un modelo de sociedad con un esquema patriarcal, machista, capitalista y opresor.

La única responsabilidad para los jóvenes que es promovida por la izquierda tiene que ver con el involucramiento directo en el cambio social. Todos ellos, dentro de su vivencia de opresión (p. ej.: los inmigrantes como víctimas de xenofobia; los negros, indígenas y latinos como víctimas de racismo; las mujeres como víctimas del patriarcado; y los homosexuales como víctimas de homofobia), ocupan un lugar en la militancia activa y así se vuelven agentes protagonistas de la promoción de un cambio social. Ellos se convertirán en sus propios héroes al combatir las opresiones que han vivido en su propia piel.

La cantidad de contenido e información que la juventud recibe en este nivel es aplastante. Cercados por todos los lados, la técnica se repite: escuchan tantas mentiras sin cesar que las terminan creyendo. Finalmente, la visión que tienen del mundo termina distorsionando completamente la realidad. Es como si padecieran una

---

[16] Rossiter, *Ibíd.*, pp. 315-319.

enfermedad psiquiátrica que no les permite ver o entender la realidad. No se ven como son y escuchan lo que no es real. No tiene nada que ver con enfermedades psiquiátricas. Este mal lleva un nombre mucho más fácil: izquierdismo y su variante el feminismo.

El feminismo es una enfermedad

Esta afirmación puede causar extrañeza, pero uno de los objetivos de este libro es también fortalecerte con relación al lenguaje. Lo que quiero decir es que las palabras no duelen. Por lo tanto, no hay que ponerse sensible o temeroso ante la exposición de la verdad. Por el contrario, decir la verdad de manera clara, sin miedo a que te acusen de opresor, es realmente una de las obligaciones morales del que lo conoce. Pasemos a aclarar los términos.

A mí me encanta la definición de «enfermedad» contemplada por la Real Academia Española, pues no se limita solamente a temas fisiológicos, sino que va más allá al decir que se trata de una alteración más o menos grave de la salud: «Pasión dañosa o alteración en lo moral o espiritual. [...] Anormalidad dañosa en el funcionamiento de una institución, colectividad, etc.».[17] El feminismo es un estilo de vida que encaja con las tres partes de esta definición. En primer lugar, se trata de la salud física porque la doctrina feminista induce a la mujer a tomar decisiones totalmente dañinas sobre su vida y su cuerpo, como por ejemplo el aborto, el abuso de drogas y alcohol. En segundo lugar, el feminismo como pasión produce un desorden total de la realidad, hasta el punto de provocar todo tipo de comportamientos antinaturales, como la liberalización del cuerpo para actividades sexuales, el rechazo al matrimonio, la maternidad, Dios, el odio al hombre y la adhesión a la homosexualidad. Por último,

---

[17] https://dle.rae.es/enfermedad?m=form.

considero al feminismo como una anormalidad que daña el buen funcionamiento de diversas instituciones, como la familia natural, la iglesia, la política y las relaciones sociales.

Desafortunadamente, un sinnúmero de jóvenes se consideran feministas en la actualidad. Ellas sienten que cargan sobre sí mismas la responsabilidad de transformar el mundo y convertirlo en un lugar seguro para las mujeres y otras minorías, tal como parece haber sido dictado por la agenda izquierdista. El feminismo es también una enfermedad altamente contagiosa. Se puede transmitir a través de los medios de educación, comunicación, entretenimiento, o por la influencia directa de terceros, como amigos o conocidos. Como toda enfermedad, el feminismo también presenta síntomas. Los principales son el cambio de vocabulario, comportamiento, estética, intereses y amistades.

Estos son algunos de los términos más usados por las feministas, los cuales son casi todos fruto de la manipulación artificial del lenguaje en un intento de promover una nueva cultura:

Empoderamiento	Patriarcado	Misoginia
Feminicidio	*Slutshaming*	Elitismo
Lucha de clases	*Manterrupting*	Clasismo
Machismo	*Mansplaining*	Transfobia
Opresión	*Bropriating*	Gordofobia
Sororidad	Apropiación cultural	*Body positive*

En el tercer capítulo de este libro vimos cómo el feminismo reconoce al lenguaje como un regulador de las normas políticas y de comportamiento de los seres en sociedad; por lo tanto, es necesario manipular el lenguaje para cambiar este orden. Sabemos que dos personas que no comparten el mismo lenguaje o idioma no pueden comunicarse entre ellas. Así también, una joven interesada en un determinado tema busca conocer, practicar y absorber todo ese nuevo vocabulario. Por ejemplo, la muchacha interesada en trabajar en diseño de moda o el varón que quiere empezar a volar en parapente empezarán a estudiar el significado de las palabras más convenientes para el ejercicio de sus respectivas actividades.

Sin embargo, hay un motivo que va más allá de simplemente poder ejercer las actividades deseadas. El joven también buscará a sus pares, un grupo de individuos que comparta el mismo interés, donde sea posible el intercambio de información y experiencias. La muchacha buscará experimentar la sensación que produce pertenecer a una colectividad que no es la de su familia. Para conseguirlo, se transforman de acuerdo con lo que exija el grupo o la actividad a la que desean pertenecer.

Otra característica muy común entre las jóvenes que optan por el feminismo es el cambio de estética. La gran precursora feminista de la lucha en contra de los patrones de belleza, Naomi Wolf, escribió el libro *El mito de la belleza* en 1991. Allí afirma que las mujeres occidentales han sufrido un lavado cerebral por parte de lo que ella denominó la «sociedad» patriarcal, un concepto utilizado de forma errónea por las feministas en el que afirman que el mundo es controlado por los hombres hasta en sus más mínimos detalles. Ella dice: «El mito de la belleza no se trata de mujeres en absoluto. Se trata de las instituciones de los hombres y del poder institucional».[18]

Wolf considera que lo que se observa como bello no tiene ninguna conexión con factores genéticos, biológicos o naturales, sino que se trata de una conspiración masculina de control sobre las mujeres al afectar su autoestima. Por lo tanto, romper con los patrones tradicionales de belleza femenina se convertiría en un acto revolucionario que traería libertad a las mujeres. Este razonamiento explica el motivo por

---

[18] Naomi Wolf, *The Beauty Myth: How Images of Beauty Are Used Against Women* (Nueva York: William Morrow and Company, Inc., 1991), p. 13 [*El mito de la belleza* (Madrid: Continta Me Tienes, 2020)], http://www.faculty.umb.edu/heike.schotten/readings/Wolf,%20The%20Beauty%20Myth.pdf.

el que la gran mayoría de las feministas decide romper con el patrón tradicional de belleza y cortarse el pelo largo para dejárselo corto o rapado, pintándose el cabello con colores extraños como el verde, morado o azul. También toman la decisión de dejar de depilarse, abandonan las ropas más femeninas y optan por prendas más masculinas.

La gran solución que las feministas encontraron fue romper con los supuestos patrones de belleza impuestos por los hombres. Ahora ellas no se visten para ellos, sino que se disfrazan de hombres. Sin embargo, más allá de estos cambios, considero que las feministas no obtuvieron mucho éxito en su lucha particular en contra de los estereotipos. Si antes de romper con los patrones parecían todas iguales, ahora también lo parecen. La diferencia es que dejarán de ejercer su feminidad natural y acabarán por convertirse en esclavas del estereotipo feminista. De seguro que alguna vez lo hemos pensado nosotros mismos, o hemos escuchado decir a alguien: «Es probable que sea feminista», cuando hemos visto a una muchacha joven con la mitad del pelo morado y la otra mitad rapada, axilas peludas, llena de tatuajes, *piercings* y con ropas masculinas.

Es indudable que la moda es una forma de arte, porque sirve también para comunicar algo al espectador, incluso hasta lo que el autor sentía cuando diseñó la prenda. Por eso, cuando digo que el feminismo es una enfermedad, me refiero también a que es necesario atreverse a descubrir lo que una típica feminista está comunicando a través de su vestimenta. ¿Por qué viste de negro y no de colores claros o alegres? ¿Por qué utiliza con frecuencia ropas masculinas u otras ropas totalmente vulgares que exhiben su cuerpo demasiado? ¿Por qué se tatúa y cuál es el significado de esos tatuajes? ¿Qué comunican esos diseños?

Sí, yo misma estoy llena de tatuajes. Te contaré un poco más de mi propia historia. Empecé con los tatuajes a los quince años, cuando todavía no sabía ni siquiera qué era el feminismo. Lo que sí conocía muy bien era el dolor. Cada uno de mis tatuajes te puede contar una historia que suele ser inesperada. En mi antebrazo izquierdo llevo un puñal que atraviesa mi carne y del que se derraman unas gotas de sangre. Quería comunicar que ya estaba harta de automutilarme. No quería causarme más dolor en mi piel durante las crisis de desesperación y ansiedad. En un intento por acabar con esas heridas, le pedí a un amigo que me tatuara este puñal para mirar el tatuaje y sentirme bien cada vez que tuviera ganas de cortarme el brazo. Es obvio que nunca funcionó. Ahora no solo tengo las cicatrices, sino también un tatuaje horrible que espero quitarme con láser.

Me vestí de manera muy vulgar, totalmente de negro, con un maquillaje muy pesado en los ojos durante toda mi adolescencia y hasta mi período de joven adulta. Sin embargo, mis tatuajes siempre fueron coloridos. ¿Qué es lo que quería comunicar? A lo mejor estaba triste, rota por adentro y en estado fúnebre. Las ropas cortas y con escotes servían para atraer la atención, mientras que los tatuajes con colores vibrantes eran un intento desesperado por llevar alegría dentro de mí misma. En ese tiempo estaba enferma con depresión, ansiedad y psicosis.

Puedo ver el reflejo de mi antiguo yo en cada feminista que observo, porque descubro en ellas tristeza, enojo, frustración, trauma y un desesperado intento de llamar la atención.

Finalmente, me parece bastante curioso que las feministas insistan en que la belleza natural femenina es peligrosa y opresiva para las mujeres. Creen que la belleza femenina debe ser combatida y rechazada, pero es totalmente lícita y estimulada por las feministas cuando se trata de hombres que piensan que son mujeres.

El tercer síntoma de la enfermedad del feminismo es el cambio repentino de intereses. Dado que se les ha llevado a creer que ciertos tipos de actividades son estereotipos de una feminidad controlada por los hombres, la iglesia o cualquier otra entidad maligna, muchas jóvenes terminan enojándose con todo lo que antes les hacía brillar los ojos. Ahora rechazan las clases de música, pintura, ballet, gimnasia, catequesis o las reuniones de los grupos de jóvenes de la iglesia. Todo ese desprecio a lo que antes celebraban lo evidencian manifestando una superioridad digna de aquellos que conocen todas las soluciones para los problemas del mundo.

Este cambio radical también suele ir acompañado de un cambio de amistades. La víctima del feminismo empieza repentinamente a ver a sus amigas de años como aburridas, pues no comparten sus nuevas opiniones revolucionarias. Los nuevos intereses las llevan con frecuencia a nuevas amistades que comparten el mismo ideal y también comparten historias de dolor, trauma y hasta deseos de venganza. De seguro te preguntas si es que esos nuevos ideales y amistades conllevan algún tipo de sanidad para ellas. Lamentablemente, no se sanan, sino que empeoran. Si conoces a alguien que está infectado, el resultado no será la sanidad, sino que la tendencia es a infectarse aún más.

Por último, pero no menos importante, está el síntoma del cambio de comportamiento. Este es el síntoma más difícil de percibir debido a que la adolescencia está acompañada de diversos cambios hormonales que con frecuencia ocasionan cambios de humor. Sin embargo, debemos establecer una gran diferencia entre un enojo ocasional y comportamientos autodestructivos como la automutilación, el sexo casual y el uso de drogas y alcohol. El filósofo Olavo de Carvalho describe de manera magistral el comportamiento típico del joven en su libro *El imbécil juvenil*, el cual recomiendo mucho.

Un joven, es cierto, a menudo se rebela contra los padres y los maestros, pero esto se debe a que sabe que en el fondo están de su lado y nunca tomarán represalias con toda su fuerza. La lucha contra los padres es un pequeño teatro, un juego de cartas marcado en el que uno de los contendientes lucha para ganar y el otro para ayudarlo a ganar.

La masa de compañeros generacionales representa, después de todo, el mundo, el gran mundo en el que el adolescente, emergiendo del pequeño mundo doméstico, pide entrar. Y la entrada es cara. El candidato debe, desde el principio, aprender todo un vocabulario de palabras, gestos, miradas, todo un código de contraseñas y símbolos: el más mínimo error lo expone al ridículo, y las reglas del juego son generalmente implícitas y deben adivinarse antes [...] La forma de aprender es siempre la imitación: literal, servil y sin preguntas.

A esto se reduce la famosa rebelión del adolescente: amor por el más fuerte que lo desprecia, desprecio por el más débil que lo ama.[19]

Las jóvenes feministas forman parte de lo que el profesor Olavo de Carvalho denomina el imbécil juvenil. Ya describimos su enfermedad en detalle más arriba. Ahora nos dedicaremos al diagnóstico final: si la enfermedad no se trata debidamente, entonces sería lamentable que pase a estados críticos mucho más difíciles de tratar. Entre ellos encontramos:

- Incapacidad para identificar a un buen hombre y mayor probabilidad de involucrarse en relaciones abusivas.
- Cambiar el matrimonio y la maternidad por la ambición de alcanzar el éxito en una carrera. Finalmente, se sentirá sola, gastará todos sus ahorros en tratamientos de fertilidad, o terminará sola y criando nueve gatos.
- Ganar peso hasta el punto de destruir su autoestima.

---

[19] https://olavodecarvalho.org/o-imbecil-juvenil/.

- Pelear con toda su familia al no recibir apoyo por sus puntos de vista diferentes y terminar siempre solitaria.
- Terminar adicta a las drogas y el alcohol, lo que aumentará la probabilidad de exponerse a una sobredosis o un coma alcohólico.
- Terminar casi muerta por un aborto, como me sucedió a mí.

El feminismo es una enfermedad, pero solo es posible contaminar a las jóvenes vulnerables. La izquierda ha creado las condiciones perfectas para que una pandemia se diseminara por el mundo, moldeando a la juventud en la forma que describe a la perfección el Padre Francisco Faus:

> El hombre moderno es pobre en interioridad. La acción no nace de dentro. Medita poco y quiere abarcar mucho. Por eso es casi inevitable que en un momento dado, quizás cuando ha ido demasiado lejos, le queden claras, como un golpe a su conciencia, las palabras de San Agustín: «Corres bien, pero fuera del camino».[20]

Así como la agenda de izquierda ha convertido a los jóvenes en agentes destinados a pelear una guerra contra el bien, también existe una responsabilidad moral que cae sobre nuestros hombros para revertir este estado. En el mismo sentido, los jóvenes y los no tan jóvenes que todavía no han sido infectados son los responsables de socorrer a la juventud enferma y las próximas víctimas potenciales. Esta responsabilidad incluye enseñarles el camino correcto, promover la cura para su enfermedad y salvar finalmente sus vidas de la destrucción.

---

[20] Padre Francisco Faus (São Paulo: Quadrante, Sociedade de Publicações Culturais, 2003), http://www.clerus.org/clerus/dati/2008-11/03-13/Apreguia.html.

PASO SIETE

UTILIZACIÓN de las MUJERES

HEMOS LLEGADO A LA ETAPA más esperada por los grandes ideólogos de izquierda: la utilización activa de las militantes formadas durante las etapas anteriores. En este capítulo utilizaré algunos artículos de periódicos, así como el análisis de datos estadísticos disponibles que he obtenido de sitios oficiales de fundaciones internacionales, para ofrecer un panorama más amplio de esta realidad que permita su mayor comprensión.

El interés fundamental de la élite ideológica global es su propia autopreservación. Por lo tanto, ellos permanecerán ocultos mientras siguen diseñando nuevos modelos de sociedad. Se buscará hacer realidad la implementación de sus ideas a través de militantes que serán escogidas por los agentes intelectuales que se encargan de formarlas. Finalmente, las activistas feministas serán las responsables por cada paso de la implementación en la sociedad.

Los agentes intelectuales buscarán distribuir a los militantes en diversas funciones luego de que han distinguido sus experiencias, contactos, habilidades, intensidad y disposición. Los agentes enviarán las directrices necesarias para la ejecución de cada avance con el fin de la gran toma de territorio en Occidente: desde la micro a la macro escala. Estas directrices pueden ser abiertas o cerradas; es decir, las abiertas generalmente son transmitidas de manera cultural, como a través de una publicación literaria, o por vías institucionales como un decreto presidencial.

Muchas veces se piensa que esas directrices permanecen ocultas o son secretas. En realidad, existen millares de libros alrededor del mundo que describen esos pasos con mucha claridad para que cualquiera que los lea los pueda ejecutar. Por ejemplo, si analizamos la historia, descubriremos que Lenin presentó sus directrices comunistas abiertamente por medio de obras escritas, discursos y leyes en la Unión Soviética. Presta atención a la forma en que Lenin describe con mucho detalle cada paso que deberían seguir los adeptos recién incorporados al partido comunista. Su libro se titula precisamente *¿Qué hacer?* (publicado en febrero de 1902) y tiene como objetivo servir como una guía práctica para la organización de la militancia bolchevique:

> La organización de los trabajadores debe ser, en primer lugar, sindical; en segundo lugar, debe ser lo más ancha posible; en tercer lugar, debe ser lo menos clandestina posible (aquí y en lo que sigue, me refiero, por supuesto, solo a la Rusia autocrática). Por el contrario, la organización de

revolucionarios debe incluir, ante todo, personas cuya profesión sea la actividad revolucionaria (por eso hablo de una organización de revolucionarios, pensando en revolucionarios socialdemócratas). Frente a esta característica general de los miembros de tal organización, toda distinción entre trabajadores e intelectuales debe desaparecer por completo, por no hablar de la distinción entre las distintas profesiones de unos y otros. Necesariamente, esta organización no debe ser muy extensa y debe ser lo más clandestina posible.[1]

Otro ejemplo muy claro de directrices abiertas lo encontramos en el «Decálogo de Lenin, un manual conciso, práctico y directo de subversión y toma del poder por los comunistas en los países democráticos».[2] El documento circula abiertamente en la clase política norteamericana y europea desde hace mucho tiempo. Los conservadores norteamericanos dicen haberla descubierto en la ciudad alemana de Dusseldorf en 1919, mientras que los izquierdistas los desmienten y afirman que su elaboración no tiene nada que ver con el partido comunista. A pesar de las dificultades en cuanto a su origen histórico, es innegable la semejanza de cada punto de la lista con el desarrollo de las acciones progresistas en el último siglo:

1. Corrupción de la juventud y entrega de libertad sexual.
2. Infiltración y control posterior de todos los medios de comunicación.
3. División de la población en grupos antagónicos y búsqueda de la incitación a las discusiones sobre asuntos sociales.
4. Destrucción de la confianza del pueblo en sus líderes.

---

[1] V. Lenin, *¿Qué hacer?* (Caracas: publicaciones minci.gov.ve, 2010). p. 162, https://www.marxists.org/espanol/lenin/obras/1900s/quehacer/que_hacer.pdf.

[2] https://www.nytimes.com/1970/07/10/archives/communist-rules-for-revolt-viewed-as-durable-fraud-rules-for.html.

5. Hablar siempre sobre la democracia y el estado de derecho, pero, en cuanto se presente la oportunidad, asumir el poder sin el menor escrúpulo.

6. Colaboración en el vaciamiento (despilfarro) del dinero público; desacreditar la imagen del país, especialmente en el exterior, y provocación del pánico y el desasosiego en la población por medio de la inflación.

7. Promoción de huelgas, aunque sean ilegales, en las industrias vitales del país.

8. Promoción de disturbios y contribución para que las autoridades constituidas no los repriman.

9. Contribución a la destrucción de los valores morales, la honestidad y la creencia en las promesas de los gobernantes. Nuestros parlamentarios infiltrados en los partidos democráticos deben acusar a los no comunistas, obligándolos, so pena de exponerlos al ridículo, a votar solamente por aquello que sea de interés para la causa socialista.

10. Registro de todos aquellos que posean armas de fuego para que sean confiscadas en el momento oportuno, haciendo imposible cualquier resistencia a la causa.

De hecho, alguien escribió todo esto y lo puso en circulación. A pesar del carácter anónimo de su autor, es evidente que los responsables de su publicación sabían exactamente cómo desestabilizar un régimen democrático con el fin de promover la implementación de una dictadura comunista.

Ya hemos visto en los capítulos anteriores cómo muchas feministas han escrito abiertamente sobre la destrucción de los principios de la naturaleza de la mujer, el odio al hombre, el rechazo al matrimonio y la maternidad, entre otros temas, desde el mismo inicio del movimiento.

- Margareth Sanger (1879-1966) escribió sobre el control de la natalidad durante las dos primeras décadas del siglo XX.
- Alexandra Kollontai (1872-1952) escribió sobre la destrucción del matrimonio, la familia y los hijos en 1917.
- Simone de Beauvoir (1908-1986) declaró que la mujer no existía cuando escribió en su libro *El segundo sexo* de 1949: «No se nace mujer, se llega a serlo». Entiendo que ella estaba promoviendo que la mujer no existe en realidad, sino que debe construirse. Monique Wittig trabajó sobre ese concepto cuarenta años después.
- Kate Millet (1934-2017) escribió que la única manera posible de una mujer ser feliz sería a través de la revolución sexual, practicando y promoviendo la homosexualidad y teniendo relaciones sexuales antes del matrimonio y en la adolescencia.

Muchos de los que discrepan con las ideas feministas pueden pensar que estas son solo un montón de tonterías proclamadas por mujeres locas y amargadas, pero lo que quisiera recalcar es que tales ideas siempre han sido directrices abiertas distribuidas para la sociedad en general. Toda la información que nos permite conocer la ideología feminista siempre estuvo abierta al público. Nuestro desconocimiento es más por apatía y pereza académica, y esa negligencia ha sido uno de los mayores aliados en el avance de la agenda progresista.

Hay también directrices cerradas, es decir, aquellas que solamente serán entregadas a través de un contacto privado, discreto o hasta secreto entre las cúpulas más altas de la militancia, como financistas e intelectuales, hasta las más bajas, como activistas, ejecutores y otros participantes.

Recuerdo una convocatoria que recibí cuando todavía formaba parte del movimiento feminista en el año 2013. Era una gran convocatoria para los líderes de izquierda de todo Brasil. La invitación fue enviada por líderes de alto nivel y era de naturaleza privada y personal. La reunión estaba programada para un domingo por la mañana en la Asociación Brasileña de Prensa (un indicador de los vínculos de la prensa de Brasil con la izquierda) en Río de Janeiro, que durante los fines de semana está totalmente vacío. El lugar tenía mucho personal de seguridad que revisaba nuestras pertenencias y confiscaba los teléfonos. Pasamos todo el día, desde las siete de la mañana hasta las diez de la noche, discutiendo cada línea de actuación del activismo callejero para los próximos dos años.

La discusión principal giró alrededor de la posibilidad de la utilización de la violencia. Fueron horas de deliberación entre los líderes que tenían derecho a voz y voto. Al final se decidió que los movimientos de izquierda conocidos tradicionalmente continuarían actuando de manera pacífica, mientras las acciones violentas serían realizadas por grupos que se adhieren a la técnica conocida internacionalmente como «bloque negro» (*black blocs*), es decir, individuos que usan máscaras de color negro, protestan de manera violenta usando la fuerza física, y llevan a cabo otros hechos de connotación terrorista, como la destrucción del patrimonio público y privado, usando bombas, cocteles molotov y otros artefactos explosivos en contra de sus opositores, la policía u otras fuerzas de coerción.

Es muy posible que cada vez que te enteras de una noticia sobre marchas feministas con actos vandálicos, verás que una de las líderes aparecerá diciendo que se trató de un caso aislado y que el movimiento no apoya este tipo de vandalismos. No obstante, es muy posible que no haya tenido nada de aislado. Todos saben, en el interior de los colectivos, que todo se planea y unos pocos ejecutan.

Otro ejemplo de directrices cerradas lo encontramos en el conocido Foro de São Paulo. De acuerdo con el propio sitio:

El Foro tiene su origen en la convocatoria que hicieron Lula y Fidel Castro a partidos, movimientos y organizaciones de izquierda, en julio de 1990, para reflexionar sobre los acontecimientos post caída del Muro de Berlín y los caminos alternativos y autónomos posibles para la izquierda de América Latina y el Caribe, más allá de las respuestas tradicionales.

Ese primer encuentro se dio en la ciudad de São Paulo y reunió a cuarenta y ocho partidos y organizaciones, que representaban diversas experiencias y matrices político-ideológicas de toda la región latinoamericana y caribeña. De allí salió la Declaración de São Paulo, documento histórico que expresa la vocación, los principios y objetivos de todos los partidos y movimientos allí presentes. Se destacan en dicha Declaración los siguientes objetivos:

- «Avanzar con propuestas de unidad de acción consensuales en la lucha antiimperialista y popular».
- «Promoveremos también intercambios especializados en torno a los problemas económicos, políticos, sociales y culturales [...] en contraposición a la propuesta de integración bajo el dominio imperialista, [definiremos] las bases de un nuevo concepto de unidad e integración continentales».

En el segundo encuentro, realizado en la Ciudad de México en 1991, se consagró el nombre «Foro de São Paulo», dando inicio a la construcción de una articulación latinoamericana y caribeña de partidos y movimientos políticos en oposición al neoliberalismo y al imperialismo, comprometida con una propuesta de integración regional, la reafirmación de la soberanía y de la autodeterminación de América Latina y el Caribe y de nuestras naciones».[3]

Ya son más de treinta años de encuentros anuales con toda la militancia del Foro. Allí participan gobernantes, financistas y activistas para la remodelación y la conquista de Latinoamérica con fines conformes a su ideología. El filósofo Olavo de Carvalho explica la naturaleza y la conformación de esta organización de la siguiente manera:

El «Foro de São Paulo» es la organización política más grande que ha existido en América Latina y, sin duda, una de las más grandes del mundo. Reúne a más de un centenar de partidos legales y varias organizaciones criminales vinculadas al narcotráfico y la industria del secuestro, como las FARC y el MIR chileno, todos comprometidos con una articulación estratégica común y la búsqueda de ventajas mutuas. Nunca antes en el mundo, a una escala tan gigantesca, se había dado una convivencia tan íntima, tan persistente, tan organizada y duradera entre la política y el crimen.[4]

El feminismo también cuenta con sus propias directrices y modos de actuación particulares. Como ya vimos en los capítulos anteriores, los intelectuales adaptarán la tradicional lucha de clases al contexto femenino con el fin de integrar a las mujeres en la lucha como agentes activos. La lucha de la mujer feminista sería en contra de su tradicional opresor, el hombre, buscando reivindicar su cuerpo, el cual es el objeto directo de la opresión. El sexo surge como

---

[3] https://img1.wsimg.com/blobby/go/9cb9cbae-a353-432d-8ff2-e6a13d374d93/Agenda%20Foro%20de%20Sao%20Paulo%20.pdf.

[4] https://olavodecarvalho.org/a-maior-trama-criminosa-de-todos-os-tempos/.

la supuesta arma de liberación de las mujeres, aunque en realidad es lo que ha controlado a las mujeres por lo menos durante las últimas siete décadas. El escritor norteamericano Michael Jones explora toda esta temática en una obra completa llamada *Libido Dominandi*, donde reflexiona desde una perspectiva histórica y filosófica sobre la forma en que la sexualidad humana y lo que se denomina «liberación sexual» ha sido realmente utilizada como un instrumento de dominación política. A continuación, una cita bastante larga de este autor, porque considero que es sumamente importante, ya que se trata del mayor especialista en revolución sexual del mundo:

> La revolución sexual es contemporánea al tipo de revolución política que se inició en Francia en 1789. Es decir, no estamos hablando de simples adicciones sexuales cuando usamos el término revolución sexual, sino, más bien, de la racionalización de la adicción sexual, seguida de sus consecuencias financieras y económicas. Explotación económica, movilización política como forma de control. [...]
>
> Hoy ya no es un secreto que el deseo sexual también es una forma de adicción. Mi punto es que el régimen político y social actual lo sabe y explota esta situación para su propio beneficio. En otras palabras, la «libertad» sexual es en realidad una forma de control social. Realmente estamos hablando de un sistema gnóstico de doble verdad. La verdad exotérica, propagada por el régimen a través de la propaganda, la educación sexual, las películas de Hollywood y el sistema universitario, la verdad, en otras palabras, para el consumo general, es que la liberación sexual es libertad. La verdad esotérica, que configura el manual de operaciones del régimen, es decir, las personas que se benefician de la «libertad», es exactamente lo contrario; o sea, la liberación

sexual es una forma de control, de mantenimiento del régimen gobernante explotando las pasiones de tontos que se identifican con sus pasiones y el régimen que ostensiblemente les permite ser gratificados. Aquellos que sucumben a sus pasiones desmesuradas reciben luego racionalizaciones del tipo que abundan en las páginas web, y luego son moldeados en una poderosa fuerza política por expertos en la manipulación del flujo de imágenes y la racionalización.[5]

La lucha por la «libertad sexual», como la llaman las feministas, no tiene nada que ver con libertad. Por el contrario, es exactamente lo opuesto, porque se trata de la lucha equivocada por el derecho de practicar un vicio. ¿Qué hay de libertad en el hecho de entregar el cuerpo voluntariamente a personas con las que no existe ningún tipo de compromiso? Y cuando digo «compromiso», ni siquiera me refiero al hecho de formalizar la relación en un matrimonio cristiano a los ojos de Dios, sino a un compromiso con su desarrollo personal, psíquico y emocional.

Así como las feministas luchan en contra de lo que llaman «la cosificación del cuerpo de la mujer», al mismo tiempo se están autocosificando cuando aceptan deliberadamente servir como objeto de placer para otro individuo. La mujer, que debería ser valorada, honrada y respetada, se transforma por medio de la teoría feminista en un instrumento para que un tercero tenga un orgasmo fugaz. El feminismo terminó por transformar a la mujer en un mero vibrador o una muñeca inflable. A eso le denominan «empoderamiento».

Desde la óptica de la feminista, la «libertad sexual» tiene otra utilidad: la capacidad de poder entregarse a los placeres sexuales sin la necesidad de someterse a un matrimonio o correr el riesgo de

---

5 E. Michael Jones, *Libido Dominandi: Libertação sexual e controle político* (Río de Janeiro: Editorial Vide, 2022), pp. 8-9.

embarazarse. Si el embarazo ocurriese, se apelaría con facilidad a los «derechos reproductivos», es decir, el derecho de asesinar al bebé para que la mujer vuelva lo más pronto posible a ejercer su sexualidad de manera completamente egoísta, irresponsable y mediocre.

Para poder intervenir en el comportamiento sexual de los seres humanos se necesita tanto la investigación profunda del tema como la producción masificada de material académico que pueda llevarse a los ambientes científicos y educacionales. Por lo tanto, las activistas solo podrán entrar en acción si alguien contribuye con los medios de acción.

Financiamiento y desarrollo de la temática feminista

Hemos podido ver cómo muchas de las directrices y sus aplicaciones son abiertas y han llegado a la militancia organizada como también a la masa desorganizada a través de libros y publicaciones «científicas». Esto no significa que estas publicaciones surgieron de un interés espontáneo que produjo el deseo en las mujeres de investigar profundamente estos temas. Lo que hubo fue un financiamiento masivo para estimular el trabajo de producción de contenido académico y «científico» sobre la temática feminista.

Muchísimas fundaciones filantrópicas en los años 70 decidieron invertir millones de dólares en universidades, instituciones de investigación y departamentos académicos universitarios con el objetivo de fomentar lo que denominaron como «Estudios de la mujer/sobre la mujer». Es importante aclarar que cuando digo fundaciones filantrópicas, me estoy refiriendo a organizaciones internacionales y empresariales privadas que tienen como objetivo financiar proyectos que, de acuerdo con su vocabulario, «servirían de interés para el desarrollo de la humanidad». Entre las más populares e influyentes encontramos a:

- La Fundación Rockefeller
- La Open Society Foundations (que pertenece a George Soros)
- La Fundación MacArthur
- La Fundación Bill y Melinda Gates
- La Fundación Ford

Esta última ha sido la que más capital ha invertido en lo que denomina «Women's Studies» (Estudios de las mujeres). Les presento a continuación un artículo de la Fundación Rockefeller y otras instituciones sobre lo realizado por la Fundación Ford:

La Fundación Ford ha tenido un compromiso de larga data con el desarrollo y la institucionalización de los estudios de la mujer, y desde 1972 proporcionó fondos sustanciales para becas, centros de investigación de la mujer y proyectos para integrar la nueva beca sobre la mujer en el plan de estudios.[6]

Los programas de estudios de la mujer pudieron despegar tan rápido en la década de 1970 en parte debido a un impulso feminista dentro de las instituciones de élite, tanto en la educación superior como en la filantropía. Los defensores del campo en las instituciones educativas confiaron en la ayuda filantrópica y las subvenciones para respaldar sus ambiciones. A lo largo de la década de 1970, una gran cantidad de financistas hicieron que esto sucediera. Incluían el Fondo Nacional para las Humanidades, la Corporación Carnegie, las Fundaciones Rockefeller y Mellon, y el Fondo de los Hermanos Rockefeller. Pero el mayor actor

---

[6] Leslie I. Hill, «The Ford Foundation Program on Mainstreaming Minority Women's Studies», *Women's Studies Quarterly*, vol. 18, n.º 1/2 (1990), p. 24, jstor.org/stable/40004021.

filantrópico en este campo, desde principios de la década de 1970, fue la Fundación Ford.[7]

Muchos consideraban que los estudios de la mujer eran el «brazo académico» del feminismo. Vieron que tenía tres tareas principales. Primero, enseñar sobre las mujeres y los problemas de las mujeres. En segundo lugar, poner fin a la discriminación sexual en todos los niveles de educación. Y tercero, integrar el activismo y el pensamiento feministas en el plan de estudios y la vida universitaria. Una pionera feminista describió el campo como «una interacción de la política, el deseo de cambio social, la enseñanza, la investigación y la erudición».[8]

En el campo de los estudios sobre la mujer, un millón de dólares en becas de la Fundación Ford financió 130 proyectos entre 1972 y 1975. La mayoría de ellos se acogieron al Programa de Becas para Profesores de Ford o a la Beca para Disertación Doctoral en Estudios de la Mujer, administrada por la Fundación Nacional de Becas Woodrow Wilson.[9]

Para 1975, estos esfuerzos estaban dando sus frutos. Se impartían más de mil cursos de estudios sobre la mujer en las universidades estadounidenses. Más de treinta

---

[7] Claudia Campanella y Rachel Wimpee, «The Fairy Godmothers of Women's Studies», 30 marzo 2020, https://resource.rockarch.org/story/field-building-fairy-godmothers/.

[8] Catherine Stimpson, «Ford Foundation Support for Women and Higher Education and Its Meaning for the Immediate Future (1982)», registros de la Fundación Ford, informes catalogados, Informe 011359, Rockefeller Archive Center, p. 8.

[9] «The Woodrow Wilson National Fellowship Foundation», registros de la Fundación Ford, «Grants Them-Tw, 1973-1975, Grant 07400014», Rockefeller Archive Center, https://resource.rockarch.org/story/field-building-fairy-godmothers/.

instituciones otorgaron títulos de licenciatura en estudios sobre la mujer. Tres ofrecían programas de doctorado.[10]

Sin duda, las defensoras feministas surgieron en las comunidades y los campus, abogando por un cambio dramático y la inclusión en innumerables formas que no tenían (y tal vez no necesitaban) respaldo monetario. Pero los fondos de las fundaciones privadas desempeñaron un papel importante en la realización de muchos proyectos clave. En particular, los fondos de las fundaciones fueron cruciales para el surgimiento de un nuevo campo académico. De hecho, en su obituario en el *New York Times*, Mariam Chamberlain, de la Fundación Ford, fue recordada como el «hada madrina de los estudios de la mujer».[11]

De toda esta información podemos sacar dos conclusiones. La primera es que no hubo un interés real y espontáneo ni por parte de la comunidad académica, ni de la mujer norteamericana promedio de consumir o producir este tipo de contenido feminista. La segunda es que si no fuera por la inversión financiera de los grandes patriarcas de las familias tradicionales que comandaban estas fundaciones, el feminismo no habría sido difundido en el mundo como lo hemos visto hasta ahora.

Podría parecer un poco confuso entender el motivo real por el que una gran élite financiera invirtiera tanto dinero en la modificación de la sociedad, pero el propósito para tamaña inversión es ser capaz de ejercer el poder sobre los individuos. Esa transformación no pasa solo

---

[10] Maren Lockwood Carden, «The New Feminist Movement in the U.S.», 1975, registros de la Fundación Ford, informes catalogados, Informe 007393, Rockefeller Archive Center, pp. 38-49, https://resource.rockarch.org/story/field-building-fairy-godmothers/.

[11] Paul Vitello, «Mariam Chamberlain, Women's Champion, Dies at 94», 7 abril 2013, *New York Times*, https://resource.rockarch.org/story/field-building-fairy-godmothers/.

por las personas en su esfera privada, sino que llega a los más diversos sectores que regulan la vida humana, empezando por los gobiernos.

Por ejemplo, el billonario húngaro George Soros, creador de la fundación *Open Society* (Sociedad abierta), está siendo acusado desde hace décadas de reiteradas intromisiones políticas, es decir, de interferir directa o indirectamente en la política o la cultura de un país o localidad con el fin de obtener un beneficio propio o el de terceros, violando la soberanía y muchas veces las leyes locales. Desde hace por lo menos dos décadas que la fundación de Soros ha financiado movimientos de izquierda en Brasil, tal como lo señala el artículo del periódico *Gazeta do Povo*:

La fundación *Open Society*, dirigida por el multimillonario George Soros, distribuyó alrededor de US$ 32 millones a organizaciones brasileñas entre 2016 y 2019. El monto equivale a aproximadamente R$ 117 millones, considerando el tipo de cambio promedio de cada año.

En total, 118 organizaciones recibieron fondos de *Open Society* para operar en Brasil entre 2016 y 2019. La gran mayoría son de entidades con sede en el país, pero también hubo transferencias para organizaciones extranjeras con el fin de realizar proyectos en Brasil. Es muy probable que el monto de *Open Society* aplicado en Brasil sea aún mayor, ya que algunas de las entidades internacionales financiadas por *Open Society* operan en varios países al mismo tiempo. Además, la organización asigna recursos directamente a investigadores individuales. Este monto no fue incluido en el cálculo realizado por el informe.[12]

Los principales temas tratados por estas organizaciones son:

---

[12] https://www.gazetadopovo.com.br/stories/conheca-entidades-financiadas-george-soros-brasil/.

- La legalización del aborto.
- La legalización de las drogas.
- El desarme de la población (incluso para autodefensa).
- La diseminación de la ideología de género.
- La excarcelación de criminales (la lucha para liberar a los criminales de la cárcel).

Al analizar el informe de inversiones anuales de la propia fundación *Open Society* es posible examinar el carácter objetivo de cada institución. Algunas son educativas, otras de investigaciones académicas, investigaciones laborales, y producción de material impreso y digital para la propagación de estos mismos ideales y la formación de líderes y activistas. Además, de acuerdo con la página oficial de finanzas, solamente en el año 2020, la fundación invirtió 81,9 millones de dólares para financiar lo que denominan «movimientos e instituciones para los derechos humanos».[13] En el mismo sitio web hay un espacio dedicado a la oferta de becas para activistas y movimientos del mundo entero. Allí es posible leer las orientaciones y requisitos para finalmente postularse con el fin de recibir los fondos. Se pudieron encontrar siete programas abiertos para recibir candidatos en 2013, entre los que se encuentran:

1. **Liderazgo en Becas Gubernamentales**: otorgará subvenciones individuales a exfuncionarios gubernamentales de alto nivel y al personal que haya desempeñado un papel importante en el avance del cambio social.
2. **Beca de Igualdad de Soros**: busca apoyar a las personas que creen que se convertirán en líderes innovadores a largo plazo, los cuales impactarán la justicia racial.

---

[13] https://www.opensocietyfoundations.org/who-we-are/financials.

3. **Becas de Justicia Soros:** financia a personas destacadas para emprender proyectos que promuevan la reforma, estimulen el debate y catalicen el cambio en una variedad de problemas que enfrenta EE. UU. en su sistema de justicia criminal.

4. **Programa América Latina:** enfoca su financiamiento en rendición de cuentas y transparencia, política de drogas, derechos humanos, seguridad ciudadana y reducción de homicidios.

5. **Iniciativa de Sociedad Abierta para África Oriental:** invita a las organizaciones a favor de la democracia en la región a presentar sus solicitudes.

6. **Beca de la Juventud de Puerto Rico:** apoyarán a activistas de entre 21 y 35 años que quieran implementar un proyecto que promueva la descolonización y la justicia climática en Puerto Rico.

7. **Beca de Artes Soros:** apoya a artistas innovadores de mitad de carrera y productores culturales que promueven el cambio social en todo el mundo. La beca les proporciona a los artistas los recursos para desarrollar un proyecto a gran escala, en sus propios términos y en sus propios contextos locales.[14]

También es posible averiguar sobre antiguos programas e instituciones becadas. A continuación encontrarán algunos que llamaron mi atención, especialmente los proyectos que tratan de la diseminación del movimiento feminista y la ideología de género:

1. **A Tenda das Candidatas :** $100.000 dólares para apoyar el trabajo del beneficiario en el fortalecimiento de las mujeres líderes emergentes en Brasil (2021). Curiosamente, un año

---

[14] https://www.opensocietyfoundations.org/grants/.

antes del año electoral, les brindó a las candidatas feministas tiempo y recursos económicos para sus campañas electorales. Al año siguiente, más feministas lograron llegar al congreso y a los gobiernos estatales.

2. **Asociación Casa Cultural El Chontaduro:** $100.000 dólares para brindar apoyo a nivel organizacional en la búsqueda del trabajo por los derechos de las mujeres/justicia de género en Cali, Colombia (2021).

3. **Asociación Movimiento Feminista por la Paz Ruta Pacífica de las Mujeres:** $210.000 dólares para apoyar el trabajo del beneficiario para aumentar la participación política de las mujeres de áreas rurales y marginadas (2021).

4. **Fundación Artemisas:** $190.000 dólares para apoyar el trabajo del beneficiario sobre el liderazgo de las mujeres en Colombia (2021).

5. **Fundación Lxs Locxs:** $50.000 dólares para avanzar en la salud y los derechos de las mujeres transgénero en Colombia (2021).

6. **Pontificia Universidad Javeriana Bogotá:** $150.000 dólares para apoyar la Iniciativa Mujer y Política Fiscal del Observatorio Fiscal (2021).

7. **Corporación Humanas Centro Regional de Derechos Humanos y Justicia de Género:** $90.000 dólares para apoyar el desarrollo del beneficiario de un grupo de nuevas mujeres líderes en Chile (2020).

8. **Morras ayuda morras:** $20.000 dólares para explorar nuevas narrativas feministas destinadas a apoyar la emancipación de las mujeres en las periferias de México (2020).

9. **Semillas Sociedad Mexicana Pro Derechos de la Mujer:** $340.000 dólares para apoyar el trabajo del beneficiario sobre la participación de las mujeres en la democracia (2020).

10. **Asociación Probienestar de la Familia Colombiana (Profamilia)**: $200.000 dólares para promover los derechos sexuales y reproductivos de las personas con discapacidad —en especial de las mujeres con discapacidad— y fortalecer el liderazgo de las personas con discapacidad en estos temas en cuatro ciudades de Colombia (2019). (Conocida como «Profamilia» en el territorio colombiano, es la red de clínicas de aborto más popular del país).

11. **Instituto de Liderazgo Simone de Beauvoir**: $730.000 dólares para desarrollar las capacidades de mujeres y jóvenes indígenas con el fin de usar herramientas de responsabilidad social para monitorear los servicios de salud reproductiva en doce estados de México a través de una perspectiva de género y multicultural (2016).

Estos son apenas algunos de los más de sesenta proyectos financiados en Latinoamérica en los últimos seis años. El total de la inversión de la fundación para este tipo de causas desde su existencia y en todo el mundo ha sido de 18,1 billones de dólares.[15]

Mi intención al mencionar todos estos diferentes aportes que no están directamente relacionados con el feminismo como tal es mostrar que el feminismo no es un movimiento aislado, sino que es un fenómeno integral de transformación de la sociedad.

Es obvio que no podemos salir acusando a todas las feministas de ser potencialmente financiadas por Soros o cualquier otro billonario. Entretanto, muchas acaban por ser parte de la red de militancia pagada, sin siquiera darse cuenta, al ser contratadas como funcionarias de estas instituciones. Lo que reciben se denomina «ayuda de costo», es decir, la contratación de colectivos de diversas ciudades

---

[15] https://www.opensocietyfoundations.org/grants/past.

que llevan activistas para una marcha en la capital y les dan las comidas y una pequeña recompensa monetaria, entre otras cosas.

Eso es lo que hicieron conmigo. Después de pasar por todo el entrenamiento de Femen en Ucrania, una de las líderes, Inna Shevchenko, me preguntó cuál era el sueldo mínimo en Brasil. Le respondí que eran unos doscientos dólares mensuales, y decidieron pagarme eso semanalmente para ayudarme a organizar el movimiento en Brasil. Los pagos eran hechos a través del servicio de envíos internacionales Western Union, siempre en el nombre de la fundadora de Femen, Anna Hutsol. Mientras estuve en Ucrania, intenté algunas veces preguntar por el origen del dinero para mantener la oficina que estaba ubicada en una zona costosa de Kiev, así como para el financiamiento de las protestas y demás requerimientos. De hecho, nunca me dijeron, pero lo cierto es que no se originaba a partir de la venta de camisetas. Yo era novata en el movimiento feminista y el pago puede no ser mucho, pero se debe considerar que las activistas de Femen eran cientos de jóvenes en más de 10 países en su momento más alto.

Llegué a mi país y mi función principal era la organización del movimiento y buscar ser popular en Brasil para atraer más activistas. Las protestas eran ideadas por las ucranianas y encomendadas directamente a mi persona. Yo misma tenía algunas ideas de protestas, pero antes de ejecutarlas tenía que consultarles y obtener su aprobación. Además, recibíamos también donaciones espontáneas de la sociedad en general, y hubo un momento en que llegaban a un promedio mensual de cincuenta mil dólares. En palabras de mi amiga investigadora y también escritora argentina, Lupe Batallán, «no era revolución, era negocio».[16] Mientras la gran masa de activistas seguía creyendo que eran los responsables de hacer del mundo un lugar mejor, la realidad es que eran parte de un esquema político de dominación capitalista territorial.

---

[16] Guadalupe Batallán, *Hermana, date cuenta: No es revolución, es negocio* (Buenos Aires: Buena Data, 2020).

Es indudable que la élite global invierte dinero para lograr la modificación de la sociedad y utilizará a la juventud para lograr sus fines. Lo harán a través de la promoción de las cuestiones raciales, de género, climáticas o del feminismo. La juventud actual se siente comprometida con estas diferentes causas al mismo tiempo. Por ejemplo, la misma feminista es antifascista, vegana, lucha contra el racismo y batalla contra el cambio climático. A esta multiplicidad de causas se le denomina «interseccionalidad», es decir, «la interacción entre dos o más factores sociales que definen a una persona».[17] Esa es la razón por la que procuro no enfocarme solamente en el feminismo, sino en todas las otras causas que se mueven en conjunto en la sociedad.

El tiempo ha transcurrido, pero las inversiones para buscar profundos cambios sociales de diferente índole se han seguido realizando por todo el mundo. Por ejemplo, el año 2020 estuvo marcado por muchas circunstancias difíciles: la pandemia del COVID-19, las elecciones norteamericanas y las protestas violentas de los grupos conocidos como *Black Lives Matter* y *Antifa*. A continuación destaco algunas partes dignas de análisis de un artículo producido por el *New York Times* en ese mismo año:

> La fundación *Open Society*, el grupo *filantrópico* fundado por el magnate de los negocios George Soros, anunció el lunes que invertiría $220 millones en esfuerzos para lograr la igualdad racial en los Estados Unidos, una gran empresa financiera que apoyará a varios grupos de justicia racial liderados por negros durante años.
>
> La iniciativa, que surge en medio de protestas nacionales por la igualdad racial y llama a la reforma policial provocada por el asesinato de George Floyd en Minneapolis,

---

[17] https://blogs.iadb.org/igualdad/es/que-es-interseccionalidad/.

remodelará de inmediato el panorama de las organizaciones políticas y de derechos civiles de los negros, y señala en qué medida la raza y la identidad se han vuelto el punto focal explícito de la política estadounidense en los últimos años, sin signos de retroceso. Soros, que en ocasiones se ha enfrentado a difamaciones y antisemitismo por su papel como megadonante liberal, también *está posicionando a su fundación cerca de la vanguardia del movimiento de protesta.*

La fundación *Open Society* invertirá $70 millones adicionales en subvenciones locales que *respaldan los cambios en la policía y la justicia penal.* Este dinero también se utilizará para *financiar oportunidades de compromiso cívico y organizar pasantías y capacitación política para jóvenes.*[18]

El primer destacado corresponde a la palabra «filántropo», es decir, la persona que sería el agente promotor de la filantropía. *Filo* viene del griego que significa «amigo», mientras que *antropos* significa «hombre, ser humano, humanidad». Entonces, el filántropo se define por la RAE como aquel que es amigo de la humanidad, que ayuda a la humanidad, que se distingue por sus obras en el bien de la comunidad. Esto difiere, por ejemplo, de la caridad, que viene del latín *caritas,* que significa querido, amado. La RAE la define como una virtud teologal que consiste en amar a Dios sobre todas las cosas y al prójimo como a uno mismo. Se trata de una actitud solidaria ante el sufrimiento ajeno y se considera como una virtud cristiana opuesta a la envidia y la enemistad.

Lo que quisiera enfatizar es que existe una diferencia muy grande entre filantropía y caridad. La primera consiste en practicar hechos solidarios por intermedio de un individuo, donde se utiliza el dinero como herramienta para modificar una situación. En la

---

[18] www.nytimes.com/2020/07/13/us/politics/george-soros-racial-justice-organizations.html.

segunda, se trata de un acto ejercido por un individuo sin la necesidad de utilizar dinero y movido por el amor a Dios sin ninguna intención escondida. El primero conlleva gratitud hacia un hombre poderoso, mientras que la segunda nos llena de gratitud a Dios. Lo cierto es que los actos filantrópicos pueden y han sido utilizados como grandes herramientas de control político y de dominación social al actuar por intermedio de estas fundaciones.

El segundo y tercer destacado enfatizan la exposición del objetivo de tal inversión: llegar hasta las instituciones (la militancia organizada) que tratan los asuntos raciales y buscar modificarlas para que sirvan a sus propósitos, incluso a aquellas que tienen que ver con protestas.

El cuarto destacado habla abiertamente de la interferencia en las instituciones coercitivas como la policía y la justicia burocrática, con el objetivo evidente de favorecerse con esa interferencia. En el quinto y último destacado, la fundación de Soros admite que realiza una inversión monetaria en la creación y el mantenimiento de grupos de protesta y en el área del *lobby* político.

El mismo George Soros no oculta sus intereses con respecto a la modificación de la política y la cultura de los Estados Unidos. Nunca en la historia norteamericana hubo tantos movimientos violentos de izquierda organizados y tomando las calles como en el año en que Donald Trump se postuló para la reelección de la presidencia de los Estados Unidos. Un video del mismo año muestra a unos manifestantes del grupo *Antifa* y *Black Lives Matter* demandando la entrega del pago por las protestas gritando: «George Soros, ¿dónde está nuestro dinero?».[19] Con respecto al movimiento feminista, analicemos con atención el siguiente artículo que ha sido tomado directamente del sitio oficial de la fundación *Open Society*:

---

[19] https://www.youtube.com/watch?v=-mhx_O8ym4U.

La fundación *Open Society* invertirá más de $100 millones durante los próximos cinco años para fortalecer una serie de movimientos liderados por feministas y aumentar su liderazgo en una amplia gama de sectores, desde la política y el sector privado hasta la sociedad civil y el gobierno.

La mayoría de los fondos ayudarán a fortalecer organizaciones y fondos feministas en todo el mundo. *Open Society* se enfoca en hacer crecer el liderazgo político feminista transformador a través de inversiones explícitas en iniciativas que apoyen a más mujeres, transgéneros y personas no conformes con su género en posiciones de liderazgo en la política y el gobierno. Esto incluye apoyo para expandir el multilateralismo progresista y el liderazgo feminista en la paz y la seguridad.

Las inversiones también impulsarán los esfuerzos para garantizar que las mujeres, las niñas, las personas transgénero y las comunidades no conformes con su género puedan tomar sus propias decisiones sobre los problemas que afectan sus cuerpos y la atención de la salud reproductiva.

La *Open Society* invertirá en varias iniciativas de justicia de género, que incluyen:

- Desarrollar y sostener líderes feministas transformadoras en la política y el gobierno, con un enfoque en las líderes de identidades minoritarias.
- Fortalecer los movimientos feministas a nivel mundial, particularmente para combatir el creciente autoritarismo.
- Reforzar el liderazgo feminista en el ámbito de la paz y la seguridad, con prioridad en las mujeres bajo amenaza de conflicto político, como en Afganistán.

- Mejorar el acceso, los derechos, los recursos y la capacidad para tomar decisiones sobre el cuerpo y la salud reproductiva.
- Promover la justicia económica y los derechos de las mujeres en todos los ámbitos mediante el apoyo a sus derechos como trabajadoras y cuidadoras.
- Reformar las plataformas digitales para detener el acoso dirigido al activismo feminista en línea.[20]

Considerando los destacados concluimos que hay dos tipos de comunicaciones aplicadas en todo el texto. La primera está dirigida a los activistas para que sepan lo que pretenden hacer. La segunda, aun en el mismo tiempo, es estructurada con palabras y términos difíciles para la comprensión de la mayoría de las personas promedio. En ningún momento se ocultan las verdaderas intenciones, pero tampoco las expresan de manera clara. Por el contrario, tratan de maquillarlas para que suenen bonitas.

Prácticamente todo el comunicado de la fundación lleva un mensaje: estamos poniendo dinero en los movimientos feministas para que se apoderen de todas las esferas, pero principalmente de las políticas de gobierno. «Aumentar el liderazgo feminista en los sectores privado, público, civil y del gobierno» significa precisamente traer toda la teoría y la práctica del movimiento a estos medios. En otras palabras, que el feminismo no solo produzca la destrucción de la naturaleza de la mujer, sino que, posteriormente, a cada esfera de la vida se lleve un poco de destrucción.

Además, se escribe en un sentido que no solo utiliza la inversión en la formación política de las mujeres, sino también de homosexuales y transexuales. Recuerda lo que escribió Kate Millet: «Lo

---

[20] https://www.opensocietyfoundations.org/newsroom/open-society-foundations-commit-100-million-to-support-feminist-political-mobilization-and-leadership.

personal es político», en el sentido de que todas las cosas que tienen que ver con nuestra vida privada deberían ser politizadas, no solamente discutidas en un ambiente académico, sino normativizadas y estructuradas burocráticamente a través del Estado y su gobierno.

El comunicado de la fundación *Open Society* es la manifestación perfecta y real de ese objetivo. Lo que la fundación precisamente busca es la capacitación de personas calificadas para ser agentes transformadores que sean capaces de cambiar un espacio o situación por otro distinto. En este caso, destruir lo que es bueno, sustituyéndolo por lo que está mal al afirmar que antes estaba mal y ahora será bueno. Además, debemos notar todo el énfasis en lo que denominan «derechos reproductivos», que como sabemos significa «aborto».

Sin embargo, lo que me llamó más la atención en este comunicado fue la parte donde hablan de garantizar que tanto las niñas como las personas transgénero o las que no se identifican con su género puedan decidir sobre su «salud reproductiva». Además de pensar sobre la salud reproductiva como sinónimo de aborto, tenemos que ampliar nuestro sentido de malicia para no dejarnos engañar por los trucos lingüísticos. El sistema reproductivo no solo sirve para reproducir, sino también para designar biológicamente (e intrínsecamente, a pesar de que un progresista rechace eso hasta la muerte) nuestro sexo biológico y nuestro rol en el mundo.

Lo que quiero decir es que cuando denominan «salud reproductiva» a todo el conjunto de prerrogativas que se involucran en la lucha por la legalización del aborto, también se puede entender el término, una vez que se acompaña por las palabras «las niñas, las personas transgénero y las comunidades no conformes con su género», como el intento de maquillar todo proceso medicamentoso, químico y quirúrgico de cambio de sexo.

A fin de cuentas, ¿cuáles serían los derechos de la salud reproductiva de una niña si todavía no tiene la capacidad de reproducción?

Debo aclarar que una niña a los 12 años todavía está en la infancia de acuerdo con el ministerio de salud de Brasil. Es posible que la menstruación haya empezado a esa edad, pero no es algo común, y aunque tenga la capacidad de reproducción, no es recomendable que lo haga, porque se pone en peligro su sistema inmunológico y su salud mental.

Incluso no son raros los casos de pedofilia en medio del movimiento feminista. Shulamith Firestone dedica gran parte de su libro *La dialéctica de los sexos* a hablar sobre la importancia de garantizar lo que denomina «libertad sexual de los niños»:

> Y si las distinciones culturales varón/hembra y adulto/niño son destruidas, no necesitaremos ya la represión sexual que mantiene esta desigualdad de clases, permitiendo por vez primera una libertad sexual «natural». Ello nos conduce a:
>
> La libertad de todas las mujeres y niños para hacer cuanto deseen sexualmente. No habrá razones ya para no hacerlo. Veamos las razones del pasado: una sexualidad plena amenazaba a la reproducción continuada necesaria para la supervivencia humana; por esto, a través de la religión y otras instituciones culturales debía restringirse la sexualidad a fines reproductivos, pasando todos los placeres sexuales no-reproductivos a ser considerados inclinación desviada o algo peor. La libertad sexual de las mujeres habría puesto en entredicho la paternidad del niño, amenazando así al patrimonio. La sexualidad infantil debía ser reprimida por cuanto constituía una amenaza para el precario equilibrio interior de la familia.[21]

---

[21] Shulamith Firestone, *La dialéctica del sexo* (Barcelona: Kairós, 1973), p. 173, https://www.legisver.gob.mx/equidadNotas/publicacionLXIII/Shulamith%20Firestone%20-%20La%20dialectica%20del%20sexo.pdf.

En el mismo sentido, Carole Seymour-Jones señala que entre algunas de las precursoras del movimiento feminista hubo una cierta inclinación a barrer con las edades mínimas para expresar la sexualidad:

Simone de Beauvoir también es un gran ejemplo de la militancia en la práctica de la pedofilia. Además de haber firmado una carta con otros intelectuales franceses de izquierda para apoyar la reducción de la edad consensual sexual a los doce años, a la más popular de las feministas se le confiscó su licencia de maestra y el gobierno francés le impidió trabajar en escuelas o como tutora particular después de que se descubrieron una serie de escándalos en los que se le acusaba de haber abusado sexualmente de una cantidad de sus alumnas, junto a su compañero y también filósofo, Jean Paul Sartre.[22]

Desafortunadamente, las conexiones entre el movimiento feminista y la práctica de la pedofilia son tan grandes que no las puedo abarcar en este capítulo, pero pienso que este tema merece que le dedique un libro entero. Volviendo al informe, por último, termina revelando que la inversión millonaria también tiene como objetivo la represión de los que piensan y actúan diferente a través de una dictadura de los medios de comunicación y las redes sociales.

Finalmente, piensa en que este fue un pequeño análisis de solo los últimos seis años de una única fundación. Considerando que estos agentes existen desde hace alrededor de un siglo, se hace prácticamente imposible calcular en datos, estadísticas o artículos su efecto en la sociedad. Aunque no tengamos todos estos números, no

---

[22] Carole Seymour-Jones, *A Dangerous Liaison* (Nueva York: Overlook Press, 2009).

es difícil percibir que esta estrategia ha funcionado muy bien. Basta mirar a nuestro alrededor para darnos cuenta de que el plan ha sido perfectamente ejecutado y sigue en plena marcha.

La historia real de «Ni una menos»

Está claro que la élite izquierdista acabó por crear su propia red de militancia, pero suelen robar y cambiar otras que sí se originaron de manera espontánea, como fue el caso del movimiento popular «Ni una menos». De acuerdo con el sitio oficial del movimiento:

> Ni una menos nació ante el hartazgo por la violencia machista, que tiene su punto más cruel en el feminicidio. [...]
> La demanda y la defensa del derecho al aborto es parte de nuestro derecho a la soberanía de nuestros cuerpos, a gozar, a ser madres o no serlo, a parir como queremos y con quien queremos.[23]

Algo me sonó un tanto raro después de una lectura detallada del sitio. Por ninguna parte pude encontrar una sola referencia a Chiara. Casi todos los que están involucrados en la lucha provida o proaborto en América Latina han escuchado hablar del movimiento «Ni una menos», han visto los videos de sus protestas o por lo menos han observado a alguna muchacha luciendo un pañuelo verde al que ahora, casi de forma automática, conectamos con la posición favorable a la legalización del aborto. Pero lo que casi nadie sabe es que, en realidad, el movimiento feminista más popular a favor de la reivindicación del aborto legal se originó producto de la reacción espontánea de la sociedad ante al asesinato de una niña embarazada por parte

---

[23] http://niunamenos.org.ar/quienes-somos/carta-organica/.

de su propio novio al rechazar abortar al bebé fruto de su unión, tal como podemos leer en el artículo publicado por Mamela Fiallo:

> Tenía solo 14 años cuando fue asesinada Chiara Páez, la menor que dio origen a la campaña «Ni una menos». Esta consigna surgió como parte de la lucha contra la violencia hacia la mujer. Conmovió primero a Argentina y luego a toda la región. Meses después el movimiento mutó. Pasó de ser contra la violencia hacia la mujer a convertirse en una lucha por el aborto legal, a pesar de que la víctima —que dio origen a la causa— fue asesinada por no querer hacerlo.
>
> «A Chiara la asesinaron por no querer abortar. Nunca hice proselitismo provida, pero siento que, a nivel nacional, por mi postura, quedé afuera del movimiento de mujeres», explica Verónica Camargo, madre de Chiara.
>
> «Chiari no se animó a contarme que estaba embarazada. Se lo había dicho a una tía, pero era tan pesado el secreto que la tía terminó contándomelo. Mi hija estaba muy angustiada. Le había dicho que o abortaba o se mataba. Al final Chiari me lo dijo y juntas decidimos continuar con el embarazo. Le dije que iba a ayudarla. Ella estaba feliz, más allá del susto», explicó Verónica.
>
> Por meses, Verónica Camargo fue el rostro de la campaña «Ni una menos», reclamando justicia para su hija y su nieto. Eso fue en 2015. Pero al año siguiente, en 2016, la violencia hacia la mujer dejó de ser el foco de la campaña y tomó como rol protagónico exigir la despenalización del aborto.
>
> Desde entonces, Verónica se desvinculó (y fue desvinculada) del movimiento feminista en el que se convirtió «Ni una menos». Pues su hija murió por no querer abortar, y las feministas —que alegan luchar contra la violencia hacia la

mujer— llaman derecho matar a criaturas que están en el vientre de sus madres.

Para 2018, Verónica afirmó su postura y defendió la postura provida cuando se debatió la despenalización del aborto en Argentina. Defendió la vida desde la concepción ante la Cámara de Diputados. Ella, al igual que la madre de otra víctima de violencia, reprocharon el uso de la vida y muerte de sus hijas para pedir matar a los hijos de otras madres en sus vientres.[24]

Pueden darse cuenta de que inicialmente la sociedad se organizó de manera espontánea para manifestarse en contra de un tema totalmente legítimo: la violencia contra la mujer. Entretanto, el motivo central de la queja era una «piedra en el zapato» para el feminismo: el hecho de que una multitud marchara porque se perdió la vida de un bebé en el vientre de la madre. Era necesario coartar esta idea y cambiarla para que pudiera encajar en los moldes feministas. Lo que les interesa en esta historia es la muerte de la chica de catorce años, pero no por las razones que despertarían el enojo en cualquier ser humano decente, como la violencia y la imputabilidad del actor de este acto despreciable, sino por lo que a ellas ciertamente les serviría como herramienta de subversión: la legitimación de la idea de feminicidio y de la afirmación del hombre como el verdugo natural de una mujer.

La violencia contra la mujer es un problema real que afecta a muchísimas mujeres distintas alrededor del mundo. ¿Quién nunca tuvo una tía o una vecina víctima de violencia? Este es un tema que genera fácilmente empatía, identificación y compromiso por parte de la sociedad. Eso nos permite entender por qué «Ni una menos» creció exponencialmente y, una vez que las feministas se apropiaron

---

[24] https://panampost.com/mamela-fiallo/2022/03/09/ni-una-menos-abortar/.

del movimiento, acabaron por absorber toda su agenda, principalmente en el tema de la legalización del aborto.[25] Por eso la mamá de Chiara abandonó el movimiento cuando se dio cuenta de que un movimiento que había sido generado genuinamente para buscar justicia por su hija había sido transfigurado en un instrumento para legalizar el aborto en Argentina.

Las feministas argentinas en ningún momento se mantuvieron empáticas con la familia de Chiara, quien no solo fue borrada del mundo junto a su hijo por su novio asesino, sino también por cada una de las feministas que decidieron no volver a pronunciar jamás su nombre mientras portan en sus pañuelos el nombre del movimiento que se originó por ella.

Yana de Femen

Mientras seguimos hablando de activismo, pasemos ahora a hablar un poco sobre la mente de su agente principal: la activista feminista. Como he dicho anteriormente, muchas jóvenes se suman al movimiento porque realmente piensan que pueden causar una diferencia en el mundo. Pero hay otros casos, como por ejemplo el de Yana.

Yana Zhdanova se hizo mundialmente conocida por una protesta donde corrió semidesnuda en dirección al Patriarca Kirill (el equivalente al Papa de la iglesia ortodoxa), llevando los eslóganes «Kill Kirill» (Matar a Kirill) y «Kirill, go to hell» (Kirill, vete al infierno) en su espalda y pechos. Ella pasó quince días en la cárcel por su protesta.

Yo la conocí personalmente cuando estuve en Ucrania. Era una chica extremamente dulce y tierna. No hablaba una palabra de inglés y yo tampoco hablaba ruso o ucraniano, pero con la ayuda de la

---

[25] https://niunamenos.org.ar/quienes-somos/carta-organica/.

lengua universal de las señas y del traductor de Google nos comunicábamos bastante. Acababa de cumplir veinte años y todo el cambio cultural, aparte del entrenamiento, me tenía muy nerviosa. Siempre que podía, Yana agarraba mis manos, me abrazaba y mantenía una postura totalmente maternal conmigo. Me cuidaba como una hermana mayor, como una mejor amiga y a veces como una amante.

Sin darme cuenta, empecé a cuestionar mi sexualidad, porque siempre había estado muy segura de ser heterosexual. La verdad es que yo nunca me sentí atraída a ser lesbiana. Eso no significa que nunca haya tenido experiencias homosexuales. En realidad, tuve muchas, pero jamás por ganas, aunque si por una imposición social dentro del movimiento feminista, donde sentía que sería más valorada si seguía un cierto patrón de estereotipos. Hoy puedo decir con convicción que los cinco años que pasé en el movimiento feminista estuve en constante angustia sin comprender mi sexualidad. Eso porque quería obligarme a salir con mujeres, no porque me gustaban de verdad, no por un hecho libre, sino por pura sumisión ideológica.

Solo años más tarde conseguí finalmente comprender que lo que sentía por Yana no tenía nada que ver con el lesbianismo, sino con la sensación de protección que ella ejercía sobre mí mientras me encontraba en una situación vulnerable. En realidad, estaba ejerciendo mi feminidad, pero con los agentes equivocados.

Tatyana Zacerkovnaya, una de mis compañeras de Femen, me invitó una noche a ir a un local de desnudistas (*strippers*) con el fin de tomar y divertirnos. Para mi sorpresa, mientras tomábamos los tragos de vodka y discutíamos sobre cómo las mujeres que estaban en ese lugar eran víctimas del patriarcado opresor, una mujer guapísima subió al escenario y empezó el espectáculo de *pole dance*. Era Yana, quien era activista feminista durante el día y desnudista por la noche. La situación me chocó muchísimo. Ella vino hasta donde estábamos cuando terminó su presentación y nos preguntó si nos había gustado. Le pregunté de inmediato por qué hacía eso. Ella me contestó con una sonrisa y me dijo que así era como pagaba su licenciatura en psicología, pero que pronto ya no tendría que hacerlo, porque Femen le estaba pagando por sus protestas.

Es posible que ella no se acordara de que una de las justificaciones que Femen utilizaba para su existencia era el combate del turismo sexual y la prostitución. Mientras protestaban contra los hombres que venían de Europa Occidental para consumir por unos pocos euros a las mujeres ucranianas devastadas debido a la miserable economía, ellas mismas prostituían a sus activistas pagándoles para que salieran desnudas a la calle. La diferencia era que para hacer eso no necesitaban agarrar el tubo del *pole dance*, sino los carteles de la protesta.

Yana dejó de trabajar como desnudista. Ahora ya no vendía la exhibición de su cuerpo a los hombres que frecuentaban los locales nocturnos. Ahora ella se la vendía a los hombres que controlaban el mundo. La historia que les estoy contando no acaba con Yana. La propia Tatyana me confesó días después que la única razón por la cual estaba en Femen era porque no tenía dónde vivir, y por eso estaba viviendo en la oficina. Además, le encantaba la posibilidad de viajar a países ricos de Europa Occidental, aparecer en los programas de televisión y buscar nuevas oportunidades para tener una vida mejor.

Sobre la base de estas historias, podría preguntarme: ¿cuál es la diferencia entre el feminismo y la prostitución? Absolutamente ninguna, y es muy posible que ambas actividades estén muy cerca una de la otra. Hasta yo había salido de una actividad para entrar a la otra. Ambas son actividades que acaban por atraer mujeres heridas, abandonadas, sexualizadas y rotas por dentro.

| PASO OCHO |

DESCARTE de las MUJERES

DESPUÉS DE UTILIZAR A LAS activistas para lograr sus objetivos, el feminismo solo les brindará dos opciones: promoción o descarte. Si las activistas son obedientes, eficaces y han presentado resultados satisfactorios, se les dará la oportunidad de asumir posiciones de mayor liderazgo y responsabilidad en el movimiento. Sin embargo, basta con que les pierdan un poco de confianza, incurran en la desobediencia o simplemente cuestionen los métodos utilizados para ser consideradas desertoras y ser castigadas.

Se engañan los que piensan que la izquierda está conformada por jóvenes determinados y soñadores que actúan con espontaneidad. La verdad es que toda la cadena de militancia sigue órdenes estrictas y se busca respetar los valores de la jerarquía y la disciplina. Sabemos que la izquierda es sumamente crítica con los valores militares, porque generalmente vienen acompañados de una tradición religiosa, familiar y patriótica. No obstante, una vez que esos valores se eliminan, la izquierda misma usa de manera pragmática las enseñanzas y estrategias tácticas y prácticas, en especial: (1) a los mayores se les obedece; (2) al superior no se le cuestiona; (3) y misión encomendada es misión cumplida.

En mi caso, yo tenía todo lo que aparentemente se considera condenable a los ojos de la militancia profesional: sed de conocimiento, porque era naturalmente curiosa y también cuestionadora, rechazaba a las figuras autoritarias y me costaba respetar una orden simplemente jerárquica. Sin embargo, estas actitudes podrían ser fácilmente corregidas si alguien genera respeto e inspira con su ejemplo, en especial alguien que se ofrezca para ayudarte a mejorar.

Eso pasó conmigo cuando conocí a las chicas de Femen. Yo las admiraba muchísimo. De hecho, quería ser como ellas o por lo menos como las veía: mujeres pobres, abusadas, provenientes de un país muy pobre como el mío, que luchaban por mejores condiciones de vida para ellas mismas y otras mujeres. Ese era mi sueño y posiblemente era el mismo para más de treinta jóvenes que vinieron de todas las partes del mundo a Ucrania con el fin de aprender a ser activistas feministas.

Desde el primer día entendí que no habría espacio para cuestionar las ideas ni tampoco los métodos. Pero la adrenalina era tanta, así como la emoción de estar rodeada por las que yo pensaba en ese momento que eran chicas tan valientes que estaban cambiando el mundo, que no fue difícil dejarme llevar y obedecer las órdenes sin el más mínimo cuestionamiento. Sin embargo, cuando volví a Brasil era inevitable no comparar los contextos locales con lo que había visto en Ucrania. No siempre era posible seguir las encomiendas de

Femen, porque era bastante claro (en mi cabeza de feminista bien intencionada e ilusionada) que no encajaban en el contexto brasileño.

Una vez me ordenaron que contratara un helicóptero para poder sobrevolar al Cristo Redentor y hacer unos grafitis en la estatua. De inmediato les dije que eso sería imposible, porque en primer lugar, ningún piloto pondría en riesgo su licencia aérea para realizar ese vuelo, en segundo lugar, sería muy arriesgado y pondría vidas en peligro, y en tercer lugar, el Cristo no simboliza solo la religión predominante de mi país, sino la esperanza de todo un pueblo que, si se sintiera ofendido, se volcaría en nuestra contra o aun algo peor.

En otra oportunidad me ordenaron que invadiéramos el tradicional desfile del Carnaval de Río y atacáramos con los chorros de extintores de incendios a las personas que desfilaban. De nuevo les dije con rapidez que sería imposible hacerlo. El riesgo de causar un daño era inmenso, porque los millares que desfilan usan zapatos de tacones extremadamente altos, lo que podría ocasionar muchos accidentes; además, los carros alegóricos son eléctricos y podría perderse el control y ocasionar un desastre. No me habían entrenado en Ucrania para decir no, sino para ejecutar todo de forma magistral siempre. A pesar de que estaba muy comprometida con mi ideología, aun en mi corazón tenía buenas intenciones, especialmente para con mi pueblo amado. Sin embargo, algo era cierto: cuando desobedecía no había paga.

Nunca fui partidaria de las acciones violentas y siempre que ocurrían criticaba al movimiento públicamente, algo que no le agradaba a la militancia superior. Tengo que reconocer que me costaba mucho callarme.

Ya he contado que me embarcé a los veintidós años y conoces el resto de la historia, pero es probable que no sepas que debería estar muerta. Al menos eso era necesario para el movimiento feminista, porque para este momento ya estaba dificultando las cosas, cuestionando, desobedeciendo y actuando por cuenta propia cuando lo juzgaba necesario.

Cuando mis compañeras me ofrecieron las drogas abortivas, todas las indicaciones vinieron de una doctora muy popular en el submundo del aborto en Brasil. Esta señora es la misma que hace los abortos a celebridades como actrices, cantantes, periodistas, modelos e *influencers*. Me dijeron que no tenía nada que temer porque era seguro. Me dieron a entender claramente que todo el procedimiento estaba siguiendo las directrices de la Organización Mundial de la Salud para la práctica de abortos seguros.

Me instruyeron que tomara las pastillas indicadas y que esperara hasta veinticuatro horas durante las cuales sufriría algunos cólicos hasta que me «bajara la menstruación». Me enviaron a un departamento alquilado para este fin. Era como un cuarto de hotel que atendían con frecuencia. La doctora vivía a pocas cuadras y me dijeron que podría contar con su apoyo si pasaba algo que no estaba previsto.

Después de que se completó el aborto, me dijeron que utilizara toallas higiénicas hasta por dos semanas, bebiera bastante líquido para reponer la sangre perdida y volviera a una consulta con la doctora. Pero no me dijeron nada sobre el legrado. De acuerdo con la Biblioteca Nacional de Medicina de Estados Unidos:

El curetaje o dilatación y legrado, también llamado raspado o legrado uterino, se puede llevar a cabo en el hospital o en una clínica, estando bajo anestesia general o local. El proveedor de atención médica introducirá un instrumento llamado espéculo en la vagina. Este mantiene la cavidad vaginal abierta. Se puede aplicar un anestésico en la abertura hacia el útero (cuello uterino). La cavidad vaginal se ensancha y se pasa una legra o cureta (un asa de metal en el extremo de un mango largo y delgado) a través de la abertura hacia la cavidad uterina. El proveedor raspa suavemente la capa interna de tejido, llamada endometrio. Se extrae dicho tejido para examinarlo.[1]

Este procedimiento sirve para retirar los restos del bebé, la placenta y el cordón umbilical que estén dentro del útero y debe ser practicado en todos los abortos realizados a través de pastillas, como en mi caso, para evitar infecciones. Cualquier profesional de la salud sabe eso, pero yo no lo sabía. Yo solo era una paciente.

La guía de mejoramiento de la atención postaborto de Argentina trae algunas orientaciones generales para los médicos que realizan este procedimiento, como por ejemplo:

Extraer el contenido de la cavidad uterina moviendo la legra suave y lentamente de atrás hacia delante dentro de la cavidad uterina, raspando las paredes del útero en sentido de las manecillas del reloj, con movimientos largos cuidando de no raspar muy profundamente para evitar secuelas posteriores, hasta percibir una sensación áspera cuando la legra se desliza sobre la superficie del útero evacuado. Verificar que la evacuación ha sido completa.

Las señales de haber completado el procedimiento de LUI son:

- Se observa la salida de espuma roja o rosada y no se ven más restos.
- Se percibe una sensación áspera cuando la cureta se desliza sobre la superficie del útero evacuado.[2]

---

[1] https://medlineplus.gov/spanish/ency/article/002914.htm.
[2] https://www.redaas.org.ar/archivos-recursos/Guia_Mejoramiento_Post_Aborto.pdf.

He aquí algunas preguntas básicas sobre la extracción:

1. ¿Cuál es ese contenido que debe ser extraído? ¿Contiene qué?
2. ¿Qué se vacía/retira del útero?
3. ¿No se ven más restos de qué?

La respuesta es muy sencilla y directa: del bebé.

En ningún momento nadie me informó o me llevó a hacer un legrado uterino. Ni siquiera sabía qué era eso o que resultaba necesario. Durante diez días tuve los restos de mi hijo pudriéndose dentro de mi útero. Eso me ocasionó una tremenda infección que casi me costó la vida. Cuando desperté con una severa hemorragia, llamé a todas mis compañeras feministas e incluso a la doctora que me había dado las pastillas, pero nadie me ayudó. No puedo dejar de pensar que se trataba de un plan maquiavélico para matarme. A fin de cuentas, ya no era conveniente para la militancia.

Era el plan perfecto. Me había embarazado y buscado un aborto. Se trataba de la feminista más popular de un país donde el aborto era ilegal (además de las tres causales). Mi caso podía conseguir respuestas afirmativas a estas tres preguntas cruciales del movimiento.

- ¿Cómo suscitar la discusión pública para la legalización del aborto de la manera más acalorada, sensacionalista y dramática posible?
- ¿Cómo convencer a una sociedad cristiana y conservadora de que el aborto debe ser legal?
- ¿Cómo presionar a los políticos para que debatan y lleven la ley a votación nuevamente?

Bastaba que la feminista más popular del país muriera por un aborto clandestino. Puedo pensar que nadie se olvidó de que era necesario hacerme un legrado, sino que lo hicieron a propósito. Querían que yo muriera. Con mi muerte me habrían convertido en una pieza importantísima para alcanzar su objetivo, así que mi única función era la de morir. Cuando llamé desesperadamente a mis compañeras suplicando su ayuda, me informaron que estaban en camino, pero la verdad es que me estaban dejando morir.

El plan era convertirme en una mártir y provocar con mi caso una revuelta en la opinión pública, teniendo la excusa perfecta para que se iniciaran marchas feministas con el fin de presionar a los legisladores. Mi muerte y la muerte de mi hijo en mi vientre serían la chispa que encendería la hoguera que llevaría a la legalización del aborto en Brasil. Sin embargo, eso no fue lo que pasó. Mientras mis amigas feministas me abandonaron a la muerte, mis vecinos católicos me salvaron la vida al llevarme al hospital.

No te engañes pensando que este abandono aberrante solo sucedió conmigo. Tirar a la basura a los que no sirven más a los intereses de la causa es una técnica muy antigua de la militancia que los propios comunistas utilizaron durante la Revolución rusa. Esa fue una de las primeras decisiones que tomaron cuando se hicieron del poder: identificar a todos los que podrían dificultar el comienzo del nuevo régimen, es decir, toda la oposición, los desertores del partido y hasta los que se consideraban comunistas, pero no estaban de acuerdo con los métodos utilizados por los bolcheviques. Feliks Dzerjinskiy fue designado por Lenin para crear la primera policía política de la Unión Soviética (predecesora de la KGB) denominada Cheka. A través de esta institución los bolcheviques implementaron lo que se conoció en la historia como el Terror Rojo o la Gran Purga. Leamos una cita del *Libro negro del comunismo.*

Obreros, escribía *Pravda* (un periódico de la época) el 31 de agosto de 1918, «ha llegado la hora de aniquilar a la burguesía, de lo contrario seréis aniquilados por ella. Las ciudades deben ser limpiadas impecablemente de toda putrefacción burguesa. Todos estos señores serán empadronados, y los que representen algún peligro para la causa revolucionaria serán exterminados. [...] ¡El himno de la clase obrera será un canto de odio y venganza!

»¡Que la clase obrera aplaste, mediante el terror de masas, a la hidra de la contrarrevolución! ¡Que sepan los enemigos de la clase obrera que todo individuo detenido en posesión ilícita de un arma será inmediatamente ejecutado, que todo individuo que se atreva a hacer la más mínima propaganda contra el régimen soviético será inmediatamente arrestado y encarcelado en un campo de concentración!

»Ha llegado el momento de poner fin a todas estas tonterías y sentimentalismos. Todos los socialistas revolucionarios de derecha deben ser arrestados inmediatamente.[3]

»Hay que tomar un gran número de rehenes entre la burguesía y los funcionarios. A la menor señal de resistencia, es necesario recurrir a ejecuciones en masa. Los comités ejecutivos de las provincias deben dar ejemplo de iniciativa en este campo. Las Chekas y otras milicias deben identificar y detener a todos los sospechosos y ejecutar de inmediato a todos los involucrados en actividades contrarrevolucionarias. [...] Los jefes de los comités ejecutivos deben informar inmediatamente al Comisariado del Pueblo del Interior de toda laxitud e indecisión por parte de los soviets locales».

De hecho, el Terror Rojo fue el alivio natural de un odio casi abstracto que la mayoría de los líderes bolcheviques

---

[3] Nota de la autora: Se refiere a los mencheviques, militantes que dejaron el partido operario ruso para formar el propio partido basado en la defensa de una revolución más moderada, preservando una transición del Imperio zarista rumbo a una democracia, preservando el desarrollo del capitalismo que permitiría el desarrollo posterior del comunismo.

albergaban contra los «opresores», a quienes estaban dispuestos a liquidar, no solo individualmente, sino «como clase».

«En la situación actual, es absolutamente vital reforzar la Cheka [...], proteger a la República Soviética contra los enemigos de clase, aislando a estos últimos en campos de concentración, fusilando inmediatamente a todos los individuos involucrados en las organizaciones de los Ejércitos Blancos, en complots, en insurrecciones o motines, para publicar los nombres de las personas fusiladas, dando las razones por las que fueron fusilados».[4]

El lenguaje de la izquierda siempre ha sido de odio, y la única razón por la que hoy en día ya no fusilan a sus enemigos y desertores es porque tuvieron que adherirse al discurso democrático como un medio para infiltrarse en Occidente. Además de fusilar, enviaban a los prisioneros a los Gulags, conocidos como los campos de concentración soviéticos. De acuerdo con un artículo de la Universidad de Harvard:

El GULAG —el sistema de campos de prisioneros que surgió en la Unión Soviética después de 1929— sirvió principalmente como una forma de ganar control sobre toda la población, en lugar de sancionar los hechos delictivos. El encarcelamiento de millones de personas inocentes en el sistema GULAG se ve correctamente como uno de los peores y más impactantes episodios del siglo XX. Millones de personas inocentes fueron encarceladas en el GULAG, cumpliendo penas de cinco a veinte años de trabajo forzado. Los presos en los campos trabajaban al aire libre y en

---

4 Stéphane Courtois y *et al.*, *O livro negro do comunismo* (Río de Janeiro: Bertrand, 1999), pp. 92-95 [*El libro negro del comunismo* (Madrid: Planeta, 2021)].

minas, en regiones áridas y el Círculo Polar Ártico, sin ropa adecuada, herramientas, vivienda, comida o incluso agua. Nunca sabremos cuántos presos sufrieron hambre, enfermedad, violencia y frío; un inmenso número de personas murieron. Pasaron más personas por el GULAG, durante un período de tiempo mucho más largo, que a través de los campos de concentración nazis; sin embargo, el GULAG todavía no es tan conocido.[5]

La militancia izquierdista lleva a cabo en la actualidad otro tipo de GULAG, el de lo políticamente correcto. Ya que no pueden volver a fusilar, lo que practican es el asesinato de la reputación y las persecuciones y censuras judiciales.

Abby Johnson

Abby Johnson es actualmente una de las más importantes activistas antiaborto del mundo. Durante ocho años trabajó en Planned Parenthood, la multinacional del aborto, en la ciudad de Bryan, Texas, Estados Unidos. Ella llegó al puesto de directora. En cierta ocasión tuvo que auxiliar a alguien durante un procedimiento de aborto, donde fue expuesta a imágenes del ultrasonido en las que pudo ver al bebito aún en el útero luchando por su vida mientras intentaba desviar los objetos utilizados en el aborto. Esa experiencia traumática hizo que abandonara su puesto y se incorporara al grupo 40 Días por la Vida, un movimiento mundialmente conocido por la promoción de momentos de oración frente a las clínicas de aborto. Abby pasó a denunciar públicamente todo lo que había presenciado

---

[5] David Hosford, Pamela Kachurin y Thomas Lamont, «Gulag: Soviet Prison Camps and Their Legacy», un proyecto del Servicio de Parques Nacionales y el Centro Nacional de Recursos para Estudios sobre Rusia, Europa del Este y Asia Central, Universidad de Harvard, pp. 1, 3.

y sobre lo que tenía conocimiento con respecto al negocio del aborto. Eso la llevó a sufrir una terrible persecución en 2009 cuando decidió declararse provida. Fue constantemente amenazada en las redes e incluso tuvo que dejar la iglesia episcopal en la que participaba con su marido, conocida por ser más liberal en relación con temas como el aborto y el género.[6] En una entrevista para el periódico *Texas Observer*, una de sus mejores amigas, Laura Kaminczac, llegó a decir:

> Ella habló de lo desagradable que fue su jefe y de cómo sus compañeros de trabajo la traicionaron, pero nadie se preocupó por las mujeres tanto como ella. Contará cómo los progresistas la echaron de su club porque se convirtió en provida, de cómo la abandonaron sus amigos y lo injusto que es todo esto.[7]

Sin embargo, las cosas no se volvieron difíciles solamente para ella, sino también para la publicación de su historia. Los directores Cary Solomon y Chuck Konzelman filmaron una película llamada *Unplanned* en 2019, donde cuentan toda la trayectoria de Abby. El estreno enfrentó una serie de obstáculos y hasta boicots. La prensa norteamericana tuvo dos posturas distintas, pero terriblemente malas: ignorarla totalmente y abstenerse de difundir la película, o promover una masacre mediática en torno a ella, incluso rechazando la exhibición de sus anuncios pagados. La cuenta oficial de la película llegó a ser temporalmente suspendida en Twitter sin razón alguna en la misma semana del estreno. Hubo amenazas en los locales de exhibición, las feministas de Brasil promovieron una protesta violenta enfrente del Cine Odeon, local del estreno en el

---

[6] https://www.washingtontimes.com/news/2009/nov/13/former-planned-parenthood-director-church-chilly-t/.

[7] https://www.texasobserver.org/conversion-story/.

país. El estreno estuvo lleno de boicots y amenazas de muerte en Canadá. Algunas salas de cine cancelaron las proyecciones cuando sus gerentes y propietarios recibieron amenazas de muerte.[8]

A pesar de toda la presión, las amenazas y los boicots contra la película, *Unplanned* tuvo un estreno exitoso y llegó a recaudar $6,4 millones de dólares solo en su primer fin de semana de estreno y un total de $18,8 millones de dólares.

Mayra Rodríguez

Así como Abby, la mexicana Mayra Rodríguez, radicada en los Estados Unidos, trabajó por diecisiete años en Planned Parenthood antes de volverse activista provida. Leamos parte de su historia en sus propias palabras:

> «Como saben, trabajé para Planned Parenthood durante más de dieciséis años, la mayoría de esos años en centros donde no practicaban el aborto. Yo era una empleada dedicada y leal que realmente creía en su misión de ayudar a las mujeres. Solía discutir con la gente en la calle: "¡No, estás mintiendo, Planned Parenthood no hace eso! ¡Sabes que el aborto es solo el 3 %!". Yo era una de esas personas a las que escuchas hacer eso». Entonces Mayra fue ascendida a directora de la clínica de abortos más grande del estado de Arizona y su mundo se puso patas arriba.
>
> Fue testigo de la falsificación de expedientes de pacientes, complicaciones y fallas que no se denunciaron, procedimientos flagrantemente ilegales y el encubrimiento de estadísticas médicas sobre el aborto y su supuesta seguridad.

---

[8] https://www.catholicregister.org/item/29875-two-theatres-cancel-showings-of-pro-life-movie-unplanned-after-threats.

Mayra dijo que realmente creía que el trabajo que estaba haciendo en Planned Parenthood era para la protección y la seguridad de las mujeres hasta ese momento. Pero cuando vio el terrible peligro y las actividades ilegales e inmorales que llevó a cabo su clínica, supo que tenía que hablar.

Cuando empezó a denunciar los crímenes de la clínica, se puso un blanco de tiro en la espalda. Ahora era una carga para Planned Parenthood. Ya no era una empleada leal y devota. Ya no era la empleada del año. Terminó siendo incriminada por posesión de drogas y despedida injustamente, lo que la condujo a llevar a la organización a los tribunales en 2019.[9]

También fue amenazada constantemente con la deportación por sus expatrones, ya que vivía en el país indocumentada. Ella respondió con una demanda judicial.[10] Mayra ganó la demanda después de una tremenda batalla judicial. Planned Parenthood ha tenido que pagarle tres millones de dólares. En la actualidad forma parte de una institución junto a Abby Johnson que tiene como objetivo llevar ayuda a empleados de la industria del aborto que desean buscar otras ocupaciones y recomenzar sus vidas.

Oxana Sachko

Tenía dieciocho años cuando leí una reseña en un portal de noticias en internet. El título del artículo decía algo como: «Feministas ucranianas protestan *topless*». Yo no sabía muy bien lo que era eso del feminismo, pero sí sabía lo que era el dolor, el miedo y la injusticia. En una de las fotos que ilustraba el artículo pude ver a una chica

---

[9] https://relevantradio.com/2021/09/mayra-rodriguez-from-planned-parenthood-to-pro-life-advocate/.

[10] https://www.ncregister.com/cna/planned-parenthood-whistleblower-turned-hispanic-pro-life-leader-details-facility-corruption-intimidation.

muy joven y también muy guapa. Aparentemente estaba siendo golpeada y dominada por un oficial de la policía de una forma muy agresiva. Su expresión facial, en especial su mirada, no demostraba miedo, sino todo lo contrario. Sentí coraje, enfrentamiento, fuerza, valentía y obstinación mientras observaba sus ojos. Eran todas las cualidades que yo quería poseer. Estaba cansada de sentirme como víctima de todas las violencias que había vivido.

Oxana Sachko fue la razón por la que me enamoré instantáneamente de Femen y el feminismo. La pude conocer cuando fui a Ucrania. Ella era una de las fundadoras del movimiento junto a Anna Hutsol y Aleksandra Shevchenko. Aunque no hablaba muy bien el inglés, durante todo el tiempo que estuve allá pudimos comunicarnos bastante bien. Nuestra primera actividad recién llegada a Kiev fue ir hasta la penitenciaria de la ciudad para sacarla de prisión. Había estado detenida por unos días después de haber hecho una protesta desnuda en público.

Recuerdo que mientras Inna y Sasha compartían un gran gusto por las ropas y los maquillajes costosos, Oxana mantenía un patrón más humilde y distante de esa realidad glamorosa. Una vez, mientras compartíamos un taxi, le pregunté por qué no salía tanto con las dos. Me contestó que no tenía interés en ser amiga de ambas, pero necesitaba estar presente con ellas en las protestas por un asunto de obediencia a la militancia.

Compartíamos muchos gustos, especialmente por las bandas de *rock* y la pintura. En este punto, cada una dominaba más que la otra un talento. Yo cantaba muy bien, mientras que ella era una artista de pintura espectacular. Tenía un interés especial por el arte sacro, incluso aprendió las técnicas con un amigo de su familia, lo que la llevó casi a convertirse en monja cuando era adolescente.[11]

---

[11] https://www.theparisreview.org/blog/2018/08/06/notes-on-the-death-of-oxana-shachko/.

Es una pena que haya terminado en el progresismo. Todo su talento artístico lo dedicó a pintar sátiras católicas, con los más diversos tipos de blasfemias y sacrilegios transformados en arte.

Las chicas de Femen tuvieron que escapar de las autoridades que las iban a apresar después de utilizar una sierra eléctrica para cortar una cruz en una protesta contra el cristianismo en 2013. Terminaron refugiándose en Paris, Francia, donde expandieron el movimiento internacionalmente.

Se me pasa contar que Oxana dejó el movimiento en 2014. La razón nunca la sabré con seguridad. Ella llegó a realizar duras críticas públicas a la actuación del movimiento, al que acusó de haber perdido su propósito. Oxana fue encontrada muerta dentro de su guardarropa en su departamento en París el día 24 de julio de 2018. Las autoridades locales trataron el caso como un suicidio. De acuerdo con la policía, había una carta que llevaba el mismo mensaje que ella había publicado la noche anterior en su Instagram, «*You are fake*» (Ustedes son falsos). Me causa mucha tristeza que alguien haya tenido que morir por decir la verdad.

Yo, Sara Huff

Mi hijo tenía apenas veintinueve días de nacido cuando decidí publicar en mi antiguo canal de YouTube que ya no era más feminista y quería volver a la iglesia católica.

El video tuvo más de cien mil visualizaciones y cinco mil comentarios en menos de veinticuatro horas. Muchos cristianos manifestaron que me perdonaban por mis acciones feministas en contra de la iglesia y se ofrecieron a guiarme de vuelta al camino de las virtudes. Sin embargo, casi la mitad de los comentarios venían de militantes feministas ávidas por destilar su odio y enojo contra mí. Me llamaban traidora, vendida y muchas otras groserías. Insultaron a mi hijo que todavía no tenía un mes de vida de todo lo que te puedas imaginar: monstruo, deforme y hasta miniviolador.

Nunca en mi vida había recibido tantas amenazas de muerte, de agresión física y hasta de violación. Recibí decenas de mensajes de hombres de izquierda diciendo que violarían a mi hijo y a mí. Descubrieron la ubicación de la humilde tienda de ropa usada de mi mamá y fueron a tirarle piedras. Cada cinco minutos intentaban jaquear mis redes sociales. El banco donde tenía una cuenta tuvo que llamarme para explicarme las medidas de seguridad que estaban tomando debido al gran número de intentos de invasión a mis datos bancarios. Salir a la calle ya no era una opción para mí. El miedo por mi vida y la vida de mi hijo tomó control de mi cuerpo y mi mente.

Las feministas no solo me habían hecho perder a un hijo cuando me incentivaron a realizarme un aborto, sino que ahora me quitaron también lo más placentero que tuve la oportunidad de experimentar en mi vida: amamantar a mi hijo. Debido a todo el caos que tuvo lugar en mi vida, mi leche se secó. Ni el medicamento más caro pudo ayudarme a volver a la lactancia.

También perdí mi libertad. Nunca más pude andar sola o sin usar, al menos, lentes de sol para no ser identificada, especialmente cuando estaba con mi hijo en espacios públicos.

En tres ocasiones fui víctima material de la agresión de los activistas progresistas. La primera vez fue cuando participé en un evento en la ciudad de Duque de Caxias en la región metropolitana de Río de Janeiro en 2016. Había sido invitada para dar una conferencia en la Cámara de Concejales de la ciudad. Fui recibida por decenas de manifestantes, especialmente feministas que esperaban en la entrada del lugar. De inmediato empezaron a tratar de pegarme por todos lados en cuanto bajé del auto. Muchos de los golpes no me alcanzaron, porque algunos amigos me protegieron, pero me pudieron dar un puñetazo en la cabeza que me produjo un desmayo. Di con la cabeza contra el piso y quedé desorientada por algunos instantes hasta que pudieron llamar a una ambulancia. Me hicieron los exámenes de rutina para descartar cualquier daño. El daño no fue exactamente en mi cabeza, pero sí se me rompió uno de los dientes del frente.

La segunda ocasión fue cuando fui invitada por el presidente de la Academia Brasileña de Filosofía a participar en un curso especializado en Seguridad Pública en la Universidad Estatal de Río de Janeiro. Desafortunadamente, todas las universidades públicas, en especial las federales en Brasil, están totalmente controladas por la hegemonía de izquierda, tanto en lo que respecta al cuerpo docente como a los estudiantes.

Cuando se enteraron de que estaba yendo a la universidad todos los miércoles, la primera cosa que hicieron fue pegar carteles con mi rostro mezclado con el de Hitler y lleno de esvásticas. Respondí con un video en el que decía que no me intimidaban y que tenía tanto derecho a frecuentar la universidad pública como ellos. El miércoles siguiente, mis compañeros y yo fuimos recibidos por una multitud embravecida. Eran más de 300 personas que portaban banderas de los movimientos gay, feminista y comunista. Gritaban y nos amenazaban. De repente empezaron a tirarnos basura, latas de refrigerante y pilas. La seguridad de la universidad tuvo que mantenernos en su oficina hasta que la policía pudo llegar para retirarnos bajo su protección.

La tercera ocasión también ocurrió en una universidad, esta vez en la Universidad Federal Fluminense de la ciudad de Niteroi, a donde también fui invitada para una conferencia sobre feminismo. El lugar estaba cerrado con candado cuando llegamos y nos encontramos a más de mil militantes armados con bastones de madera y barras de hierro. Nos llamaban nazis y fascistas, nos tiraban piedras y otros objetos, hasta que conseguimos, gracias a un aerosol de pimienta que cargaba para mi autodefensa (sabía que lo iba a necesitar un día), correr en dirección a otro edificio donde nos pusimos a buen recaudo junto con los veinte oyentes que aún tenían la esperanza de oírme.

La multitud permanecía afuera y estaba cada vez más violenta, rompieron vidrios y amenazaron con incendiar el lugar en donde estábamos. Un senador de la República tuvo que intervenir y ordenó el envío de la policía federal para que nos sacaran del edificio con chalecos a prueba de balas. Estuvimos encerrados por más de siete horas, sin alimento o poder ir al baño.

Mientras la policía nos liberaba, la multitud extremista gritaba al unísono: «Nazista, nazista». Curiosamente, yo salí mirándolos a los ojos, protegida y resguardada por la policía, mientras llevaba en mi espalda, irónicamente, una bandera de Israel.

Esas situaciones de peligro son solamente las que viví en Brasil. Para ser honesta, en toda gira que hago por algún país latinoamericano siempre me pasan cosas similares. Muchas conferencias y entrevistas han sido canceladas, boicoteadas o interrumpidas por las protestas. Algunos me preguntan si así me desmotivan, pero siempre respondo que me producen todo lo contrario. Cada vez que hacen eso, se convierte en una oportunidad para demostrar quiénes son los verdaderos nazistas, fascistas, extremistas e intolerantes. Como Roger Scruton escribió:

> Todo lo que no se ajuste al fin igualitario debe ser destruido y reconstruido, y el mero hecho de que alguna costumbre o institución haya sido revisada y aceptada no es argumento a su favor. De esta manera, la «justicia social» se convierte en una demanda apenas disfrazada de «limpieza total» de la historia que los revolucionarios siempre intentarán.[12]

---

[12] Roger Scruton, *Tolos, fraudes e militantes* (Río de Janeiro: Editorial Record, 2018), p. 15.

Cómo **SALVARTE** o **SALVAR** a alguien del **FEMINISMO**

EL PROPÓSITO DE LOS OCHO capítulos anteriores era que pudieras comprender todo el proceso que lleva a las jóvenes a convertirse en feministas. También quise mostrar todos aquellos personajes, valores, principios y filosofías que sustentan a ese movimiento a lo largo de su historia. Has podido ver que se trata de una cadena de producción, donde cada operario de la militancia es responsable de la modificación de una parte de la materia prima hasta que se llega al resultado final del producto, una joven saturada de feminismo, una Frankenstein, una criatura compuesta por distintos pedazos tomados del sufrimiento, el trauma, la absorción de la agenda mediática y cultural y del adoctrinamiento en general. Quise también demostrarte de forma teórica o académica las falencias del feminismo, y te he contado mi propia historia de una manera sincera y abierta para demostrarte los peligros de esa militancia en las vidas de sus jóvenes seguidoras.

Es evidente que este movimiento se encuentra en apogeo hoy en día. Es muy posible que todos tengamos una hermana, prima, hija, novia, amiga o hasta una profesora o jefa que, sin tener ni siquiera una idea clara o profunda de lo que significa, se define como feminista con bastante orgullo. La idea básica que las hace llamarse de esa manera es simplemente que creen que se trata de un movimiento en favor de las mujeres. Sin embargo, hemos descubierto que la agenda y la filosofía del feminismo abarcan mucho más que la búsqueda de garantizar los derechos de las mujeres.

El objetivo de este capítulo final y concluyente es desarrollar algunas técnicas útiles para que podamos ejercer un propósito sano y beneficioso en la tierra que se resume en palabras tan sencillas como milenarias: amar al prójimo como a nosotros mismos. En este caso, tiene que ver con ayudar a las personas para que puedan arribar a la verdad.

Antes de empezar, tengo que ser completamente honesta contigo: desarrollar el tema de cómo sacar a una joven del feminismo merece todo un libro. Sin embargo, intentaré hacer mi mayor esfuerzo para proveerte el mejor material introductorio necesario para que puedas aplicarlo lo mejor posible a tu propia realidad. En el mismo sentido, todo lo que he venido desarrollando en los capítulos anteriores es de vital importancia para conocer a cabalidad el terreno que se está pisando cuando una joven quiere transitar por el feminismo.

«Sara, tengo una hija que tiene ideas feministas, ¿cómo hago para sacarle todo eso de la cabeza?».

Esta es quizás la pregunta que más me han hecho en los últimos seis años que he trabajado como conferencista y profesora. Sin embargo, es importante retroceder antes de poder «sacarla» y responder primero a la pregunta: «¿Cómo llegó a tener esas ideas feministas?».

Es lógico pensar que ningún ser humano nace ideologizado. Por el contrario, el proceso de diseminación de malas ideas es una construcción social. Cada generación humana se ha enfrentado a este tipo de construcciones que la han permeado con ideas malignas, las cuales luego, puestas en práctica, han causado resultados desfavorables, muerte y destrucción. En la actualidad es muy probable que las nuevas ideologías sobre la sexualidad y la identidad produzcan generaciones influenciadas por ellas que crezcan rechazando totalmente su realidad biológica, pero no será igual para los nacidos, por ejemplo, en las décadas de los noventa y dos mil, los cuales las cuestionarán.

La realidad y las circunstancias de las personas

Es importante revisar la realidad y las circunstancias de cada joven influenciada por el feminismo. Podemos hacernos las siguientes preguntas:

- ¿Ha sufrido traumas?
- ¿De qué tipo?
- ¿Acoso sexual?
- ¿Violación?
- ¿Violencia doméstica?
- ¿Abandono paterno?
- ¿Cuál fue el desencadenante psicológico que ha hecho que esta joven en particular estuviera tan vulnerable como para recibir esas ideas?

No debemos olvidar que una de las premisas de la militancia intelectual de izquierda es no atacar a los fuertes de mente, sino a los débiles o a aquellos que por sus circunstancias son más propensos a recibir esas ideas con esperanza y sin cuestionarlas o profundizarlas. Es muy importante que tengamos en cuenta que para ayudar a alguien es necesario conocer primero su historia de vida. Esa historia nos proporcionará la información necesaria para comprender cuáles fueron las señales de advertencia morales que han guiado a la persona hasta la situación en la que se encuentra ahora. A fin de cuentas, no solo hay que investigar los síntomas para brindar la cura a un paciente, sino el origen de la enfermedad.

James Burnham, filósofo político norteamericano, señaló: «Mis valores actúan como guías para mi juicio y conducta. Evalúo la validez de un acto o curso de acción a la luz de ellos y me esfuerzo por observarlos en la práctica».[1] Lo que quisiera enfatizar es que debe haber un cambio en nuestro acercamiento a una feminista para poder entender sus pensamientos y acciones. Es decir, antes de escandalizarse con una feminista por sus palabras y acciones radicales, es importante que te preguntes: «¿Qué ha sufrido esta persona para expresar tanto odio?».

Una vez que se descubre cuáles son las posibles circunstancias dolorosas de esa joven, se podría empezar a deducir la cura que está buscando en el movimiento feminista, como el cese del dolor, más compañía, o quizás buscar hacer justicia o hasta planear una venganza.

Una vez identificado lo que esta joven busca, se le pueden ofrecer alternativas para esas mismas carencias o búsquedas, pero a través de otros medios válidos. Por ejemplo, si la joven sueña con ayudar a mujeres en situación de vulnerabilidad social, se le puede ofrecer hacerlo a través de una institución de la sociedad civil o hasta religiosa en lugar de simplemente marchar en las calles. Es necesario conducir a las jóvenes por otras líneas de pensamiento o acción cuando están siendo influenciadas negativamente y buscan responder a sus cuestionamientos con prácticas inmorales y hasta ilegales. No solo el feminismo tiene respuestas para las grandes interrogantes y necesidades de las mujeres. Por el contrario, debemos enseñarles sobre la naturaleza humana y la verdadera felicidad a través de pensamientos más saludables. El capítulo 4 de este libro es muy útil al respecto.

---

[1] James Burnham, *O Suicídio do Ocidente: um Ensaio Sobre o Significado e o Destino do Esquerdismo* (Río de Janeiro, Editorial Vide, 2020), p. 183.

Ejerciendo una buena autoridad

Ya hemos hablado del concepto de autoridad, pero es bueno recordarlo. La autoridad es la capacidad de conducir a uno o más individuos a su propio crecimiento. Una persona que tiene autoridad no debe preocuparse solamente de ejercerla, sino que también debe preocuparse de estar a la altura de la responsabilidad que se le concede. Una persona con autoridad debe tener la capacidad de dominar las virtudes necesarias para conquistar el respeto y la admiración de sus subordinados. En el caso que estamos discutiendo, debe ganarse el respeto de la joven involucrada en el feminismo.

Con el fin de que la joven busque un espacio simplemente para escuchar lo que tengas que decirle, es necesario que puedas mostrarle que lo que dices no son solo teorías diferentes a las que ella conoce y que le demuestres en la práctica que tienes la capacidad de transformar cosas malas en buenas. No debes olvidar que la búsqueda de cambio fue el principal motivo por el cual ella se sumó al movimiento feminista: transformar un dolor o una percepción mala del mundo en algo bueno para ella y los demás. Por ejemplo, la propaganda feminista vende la idea de que se debe destruir el patriarcado, es decir, la sociedad machista que oprime a las mujeres y les impide ser felices, e instaurar una revolución que cambie todo el sistema actual por una cultura que les permita a las mujeres ser libres y estar seguras.

Platón concebía la autoridad como fundamentada en la justicia, mientras que para Aristóteles la autoridad debería ser ejercida por el más inteligente. En ambos casos se puede observar algo en común: la persona que tiene la autoridad es aquel que practica las virtudes. Ejercer autoridad requiere de un carácter virtuoso, porque para que la joven de nuestro ejemplo te escuche es necesario transmitir confianza y atención, pero también entereza y tener opiniones firmes bien informadas. Además, la persona en autoridad debe contar con todas las virtudes necesarias, como la disciplina, el orden, la claridad, el sentido de proporcionalidad y la caridad. Es necesario que haya combatido contra sus propios vicios y debilidades (como la hipocresía y la impaciencia), buscando primero el cambio personal virtuoso y así poder ejercer autoridad sobre el prójimo.

Vivir la verdad y desarrollar el carácter

El libro de Proverbios dice: «Muchos hombres proclaman su propia lealtad, pero un hombre digno de confianza, ¿quién lo hallará?» (20:6). Es mucho más fácil declarar la verdad que vivirla. En realidad, ¿cuántas jovencitas lucen sus pañuelos celestes, pero toman en secreto pastillas anticonceptivas porque tienen una vida sexual activa? Me pregunto si más allá de su posición pública provida también comparten la idea de que los hijos son demasiado inconvenientes durante la juventud. ¿Cuántos son los varones cristianos que marchan contra la ideología de género y la acusan de fomentar el descontrol sobre la propia naturaleza humana, pero a escondidas son adictos a la pornografía? ¿Cómo será posible enseñar y exigir que el prójimo obedezca una verdad que ni siquiera somos capaces de obedecer?

Dios ha sido categórico cuando dijo: «AMARÁS A TU PRÓJIMO COMO A TI MISMO» (Mateo 22:39). Él no solo se está refiriendo a practicar la caridad, sino que también ha impuesto un orden jerárquico para que podamos ayudarnos. Debemos empezar por despertar en nosotros mismos la práctica de las virtudes y después, una vez que controlamos nuestros vicios y dominamos nuestro carácter, podremos hacer uso de nuestra autoridad para inspirar y enseñar al prójimo.

Trabajar en nuestro desarrollo personal es esencial para que podamos ayudar a los demás. Esto no lo podemos tomar como mero moralismo vacío, sino que debemos entender que estas virtudes esenciales, como la paciencia, la constancia, la humildad y la bondad, nos permiten lidiar con mujeres que son, al mismo tiempo, personas tanto heridas y frágiles como también violentas. La lucha en contra de nuestras pasiones desordenadas, los vicios y nuestras malas conductas es una pieza clave que encamina nuestro proceso de adquisición y desarrollo de autoridad, para que más tarde podamos influenciar y direccionar a estas jóvenes tan necesitadas de encontrar el camino de la verdad.

La teoría de los tres medios de conversión

Por más de seis años he venido trabajando para sacar jóvenes del feminismo. He desarrollado muchas consultas particulares, en su gran mayoría producto de padres preocupados por la situación de sus hijas. La experiencia obtenida con más de trescientas jóvenes de entre doce hasta treinta años me ha permitido desarrollar lo que he denominado «La teoría de los tres medios de conversión: el ejemplo, la respuesta académica y la humillación».

Antes de adentrarnos en esta teoría, necesitamos reconocer que cada individuo es diferente y, por lo tanto, resulta imprescindible que el método elegido respete y esté de acuerdo con la personalidad, el temperamento y la vivencia individual de la persona en la que será aplicada esta teoría. Esa es la razón por la que enfaticé la importancia de conocer muy bien a la joven para garantizar la eficiencia del proceso y que no causará un efecto adverso.

El ejemplo

Imagina por un momento que la razón personal por la cual una muchacha se adhiere al movimiento feminista es que durante su infancia ha presenciado momentos terribles de violencia doméstica en su familia. Ella ha sido testigo de cómo su padre lastimaba a su madre con violencia. Esta terrible experiencia ha hecho que pudiera absorber y tomar muy en serio las teorías feministas que enfatizan que todo hombre, sin distinción, es un agresor en potencia y que las mujeres son natural y totalmente una clase oprimida por ellos.

Cambiar esa percepción negativa basada en su propia experiencia solo será posible a través de un ejemplo que demuestre que lo opuesto es también una realidad. Posibilitar y estimular el contacto con una situación antagónica a la de su infancia puede abrirle los ojos a una realidad que creía imposible, especialmente después de la propaganda feminista que la niega por completo. Se le puede presentar a una pareja sana y tranquila, que está construyendo una familia feliz y funcional. La joven podría observar de primera mano la forma en que el esposo trata a su esposa con amor, protección, dignidad y respeto.

Quisiera recalcar que la intención es precisamente llevarla a experimentar una realidad distinta a la suya, contraria tanto a sus propias circunstancias como a las ideológicamente descritas y presentadas por el feminismo. No estoy hablando de una sola visita, sino de establecer una relación con esa familia funcional que le permita observar con mucha libertad, cuestionar lo que observa, pedir explicaciones y hasta mostrarse absolutamente incrédula. Si se manifiesta constancia, verdad y bondad hacia la joven, es muy posible que pueda empezar a demostrar un poco de confianza y podría comenzar a pensar en la realidad que se le ha presentado como una posibilidad real, para luego aceptarla y pasar a creerla. La conversión por medio del ejemplo es un trabajo constante para desarrollar la esperanza en el corazón de aquellos que han sido heridos.

La respuesta académica

Pensemos en un caso hipotético. Esta joven tiene diecisiete años y está convencida de que el aborto debe ser legal. Ha desarrollado una gran sensibilidad sobre el tema producto de la multitud de datos alarmantes y noticias sensacionalistas sobre las «millones de mujeres que mueren por abortos clandestinos».

La mejor manera de tratar a una militante proaborto es enseñándole todos los verdaderos datos sobre el tema y las estadísticas reales. También es sumamente importante que tenga conocimientos básicos de embriología clínica para que conozca sobre el inicio de la vida humana y las etapas del desarrollo humano en el vientre materno, así como las consecuencias físicas y psicológicas ocasionadas por el procedimiento abortivo en las mujeres.

Es posible derrumbar con la ciencia y argumentos bien desarrollados y sustentados todas las creencias y falsas ideas que han sido sembradas para que esta muchacha esté a favor del aborto. Este proceso tampoco se reduce a una sola conversación o conferencia, sino que requiere del tiempo paciente y continuado de diálogo que permita que ella empiece a absorber, comprender, aceptar y reproducir la verdad.

La humillación

Es muy posible que esta palabra te sorprenda porque tiene popularmente una connotación negativa. Sin embargo, la usamos conforme a la definición de la RAE: «Abatir el orgullo y la altivez de alguien».[2] La humillación es a veces el último acto de caridad que podemos tener con alguien. En el mismo sentido, el profesor Olavo de Carvalho señala en su curso de filosofía:

> Es inútil tratar de convencer a los que creen que ya saben. Sin la humillación previa que rompe la falsa confianza en uno mismo y crea el deseo de saber, nada es posible.[3]

---

[2] https://dle.rae.es/humillar?m=form.

[3] https://olavodecarvalhofb.wordpress.com/2015/10/14/frases/ https://veja.abril.com.br/coluna/felipe-moura-brasil/8220-nos-estamos-enfrentando-nao-e-o-pt-nos-estamos-enfrentando-seculos-de-culto-da-ignorancia-8221/.

Debido a su naturaleza confrontativa en lo más íntimo de la conciencia de una persona, la técnica de la humillación debe ser utilizada siempre con mucho cuidado, con frecuencia, como dice el filósofo, como un último recurso. Una joven progresista suele percibirse como superior y eso tiende a llenarla de mucho orgullo y arrogancia. No se podrá dialogar con una persona que considera cualquier otro argumento como inválido, falso y hasta retrógrado. Por eso son necesarias ciertas dosis de humillación que permitan romper y desarticular esos conceptos falsos que están enquistados en su mente. Sin embargo, debo aclarar que esta intervención siempre debe tener un carácter correctivo que conduzca hacia el bien de la persona, y jamás debe ser utilizada como un mecanismo de venganza o autoafirmación personal sobre alguien más.

La siguiente ilustración puede ayudar a entender mejor este paso. Es como cuando tienes una amiga a la que estimas mucho y la descubres haciendo algo que está mal. Si ya la alertaste de su mal comportamiento en innumerables ocasiones, entonces ha llegado el momento de sacudirla y despertarla a la vida y la realidad mediante una confrontación sincera y un llamado de atención que demuestre tu preocupación y estima por esa persona. Ser expuesto a lo malo que uno ha hecho siempre será vergonzoso, pero la manera en que le presentemos la situación puede hacer que la persona se sienta humillada, pero también dispuesta a cambiar de actitud. La humillación siempre debe estar acompañada de apoyo posterior, porque el propósito final siempre será guiar al camino correcto.

Proponiendo una alternativa

Uno de los aspectos que no se debe perder de vista al momento de comprender la realidad y las circunstancias de una joven es que su percepción del mundo no es solo personal y que sus actuaciones, de una u otra manera, serán grupales. Como vimos en capítulos anteriores, es muy posible que ella ya forme parte de una militancia, aunque todavía no esté incorporada del todo de una manera oficial. Sin embargo, ya está siguiendo a determinados grupos y personajes en las redes sociales, en el colegio o la universidad, o en otros centros comunitarios. Eso trae consigo el embrutecimiento a través de la recepción de una propaganda machacada sin cesar. Luego todo razonamiento será sustituido por engranajes que giran de acuerdo con la idea revolucionaria de la construcción de un nuevo orden social. Hubert Humphrey hace un análisis correcto cuando dice:

> Es característico de los progresistas, y quizás de todos los ideólogos, creer que hay soluciones a los problemas sociales. La mayoría de los progresistas, y casi todos sus antepasados intelectuales, creen que existe una solución general al problema social: que «la sociedad justa» o una réplica razonable de ella puede, de hecho, realizarse en este mundo.[4]

Como sucede con todo el resto de la teoría marxista, la idea de una sociedad completamente justa forma parte de ella, pero es simplemente una utopía que jamás podrá ser alcanzada. No es que sea negativa en mi percepción del futuro como podrían algunos jóvenes idealistas pensar, sino que los individuos tienen libre albedrío y muchas veces actúan de manera buena y otras veces, mala. Eso impide que se puedan concretar muchas buenas intenciones, y en otras ocasiones son los deseos oscuros los que desarticulan los mejores planes. Ya se ha probado hasta la saciedad que esos ideales totalitarios nunca han cumplido sus promesas. Sin embargo, se sigue buscando esa uniformidad que es imposible alcanzar en la raza humana y también se justificarán los medios con

---

[4]   Hubert Humphrey, «Six Liberals Define Liberalism», *New York Times*, 19 abril 1959, p. 13.

tal de lograr el fin deseado. El filósofo Olavo de Carvalho lo explica de la siguiente manera:

Para las ideologías revolucionarias modernas, la vida individual no tiene sentido y solo lo adquiere en la medida de su
participación en la lucha por la sociedad futura. Es el logro
de este objetivo lo que servirá como medida para la evaluación de los actos individuales. Una vez alcanzada la meta,
todo lo que contribuyó a «acelerarla», incluso el pecado, el
fraude, el crimen y el genocidio, será rescatado en la unidad
del sentido final y, por lo tanto, considerado bueno. Lo que
ayuda a «retrasar» [ese objetivo] será malo.[5]

Se hace necesario presentarle a la joven otras opciones realis-
tas para «cambiar el mundo» con el que tanto ha soñado después
de que ha transitado por los pasos del proceso anterior. A veces
es necesario que tengamos suficiente paciencia para mostrarle
acciones que son obvias en medio de su incapacidad para generar
el cambio anhelado. Por ejemplo, llevarla a que pueda preguntarse
sobre cuál tipo de acción es más efectiva para ayudar a las mujeres
vulnerables: trescientas mujeres feministas reunidas para bailar la
coreografía de la canción controversial «Un violador en tu camino»
o treinta mujeres feministas que puedan servir una vez por semana
como voluntarias en instituciones que acogen a mujeres en situación de abandono, drogadicción o con enfermedades sexualmente
transmisibles.

Se trata de preguntarles directamente:

---

[5] Olavo de Carvalho, *O mínimo que você precisa saber para não ser um idiota* (Río de Janeiro: Editorial Record, 2013), p. 124, https://ensaiosflutuantes.files.wordpress.com/2016/03/o-minimo-que-voce-precisa-saber-olavo-de-carvalho.pdf.

- ¿Cuál de estas dos acciones genera un resultado real en la vida de las mujeres?
- ¿Dónde te sentirías más útil: marchando en la calle el 8 de marzo (día internacional de la mujer) y rayando monumentos del espacio público o trabajando como voluntaria en un centro de acogida para mujeres víctimas de violencia doméstica?

Por más obvio que pueda parecer, es necesario recordar que esta joven fue programada para ser intelectualmente débil. Lo que nos toca es actuar con paciencia, constancia y compasión al ayudarla a que pueda arribar a la verdad.

Otras herramientas

Es necesario considerar que muchos de los individuos involucrados en este tipo de actividades supuestamente revolucionarias pueden sufrir de enfermedades psiquiátricas y neurológicas como depresión, trastorno de ansiedad, síndrome de pánico, trastorno límite de personalidad (TLP), entre otros. Esto es especialmente relevante en las mujeres debido a que son de forma natural y fisiológica más sensibles a los sentimientos. A lo anterior deben sumarse factores genéticos y también el contexto familiar, los cuales pueden facilitar el trabajo de captación e incorporación a la militancia feminista. En estos casos, ante la sospecha de algunos síntomas, lo indicado es buscar un profesional tanto para el diagnóstico como para el tratamiento.

Más allá de las creencias particulares de cada individuo, recomiendo también la búsqueda de una sanación espiritual. Tengo la plena convicción de que el movimiento feminista busca la destrucción absoluta de la naturaleza y la perversión de la identidad de la mujer, alejándola del bien, manteniéndola esclava al mal y corrompiendo a su alma.

Palabras finales

Estaba todavía en mis veintes cuando, como feminista, soñaba con poder ayudar a mujeres que al igual que yo habían sido víctimas de todo tipo de violencia. Lamentablemente, acabé siendo una víctima más del lavado de cerebro propiciado por la ideología feminista. Pasé cinco años en el movimiento, pero en todo ese tiempo no solo no ayudé a ninguna mujer, sino que casi destruí mi propia vida.

No importaba cuántas veces marchara en las calles o protestara desnuda, las mujeres vulnerables continuaban siendo vulnerables, incluso yo.

Hoy, a los treinta años, puedo decir que finalmente pude realizar el sueño de ayudar a las mujeres. Eso es algo que hago todos los días a través de mis redes sociales, mis conferencias y clases. El propósito es precisamente informar que, al igual que yo, cualquiera puede cambiar su propia vida para el bien, así como las de los más débiles, sin la necesidad de ubicarse debajo de un paraguas ideológico.

Nosotros, los libres de mente, somos los encargados de llevar los ideales del bien y las virtudes de carácter a todos los que hoy siguen confundidos. Termino este libro con las palabras del profesor Olavo de Carvalho:

La moderación en la defensa de la verdad es un servicio a la mentira.[6]

---

[6] https://www.pensador.com/frase/MTA5MzY0Mw/.